証言 武藤敬司

平成プロレスを支配した「天才レスラー」の光と影

宝島プロレス取材班

宝島社

はじめに

ターザン山本

武藤敬司というプロレスラーを定義しようとしたら次のようになる。

「別格の飛び級レスラー」

別格、飛び級——この点については、武藤が新日本プロレスに入門した時のエピソードにそのヒントがある。

普通、新人は入門すると道場で徹底的にイジメられる。スクワット、プッシュアップを何千回もやらされる。あるいはスパーリングで首、肩、腰、足などを嫌というほど極められる。死ぬ思いだ。

その洗練を受けたうえで、先輩に対しての絶対服従を迫られる。そこでほとんどの入門者は合宿所から消えていく。耐えられないのだ。生き残る確率は極めて低い。

前田日明は新日本の道場イズムにどっぷり心酔し、ハマったタイプだ。鬼コーチ、山本小鉄から受けた影響は計り知れない。新日本プロレスを新日本プロレスたらしめたのは「上野毛道場神話」。これに尽きる。

ところが武藤はひとりだけ違っていた。柔道育ちの武藤は、自分にはとても敵わない世界基準のすごい人間を見てきたからだ。それと比較したら道場の先輩レスラーたちはそれほどでもないと思ってしまった。

そこには武藤自身の圧倒的身体能力と運動神経があったことも背景にある。相撲、アマレスでの実績を引っさげてプロレスに入ってきた新弟子も、道場ではとことんその鼻をへし折られる。根こそぎプライドをズタズタにされてしまう。

このイニシエーション、儀式を通過することで初めて入門者はレスラーとして認知される。武藤にはそのイニシエーションが通用しなかった唯一の新人である。心の中で「なんだ、こんなもんか！」と思ったのだ。

新日本がプロレス団体としてこだわってきた「猪木イズム」「道場神話」「ストロングスタイル」という三種の神器を、武藤はクールな視点からすべて見切っていた。他のレスラーはこの3つを看板にしてリングに上がっていたが、武藤にはその必要がなかった。

だからこそ武藤はその後、「アントニオ猪木のプロレスはアメリカンプロレスだぜ」と言い放っているのだ。

橋本真也、蝶野正洋とともに闘魂三銃士として登場した時、橋本は猪木の闘魂をそのまま受け継ぎ、蝶野は猪木イズムとは無縁なシティーボーイ的雰囲気を売りにしていた。タイプが違う。武藤はといえば三銃士はまるで仮の姿でしかないといった態度だった。

面白いのは、本名の武藤は発音すると「ムトウ」。それにひっかけて「610」。これを全面に押し出したスペース・ローンウルフというアングルで売り出されたことだ。

このアイディアは見事にコケた。失敗に終わった。猪木イズム、ストロングスタイルとは真逆の世界。受け入れられるはずがない。テレビ朝日が『ギブアップまで待てない』という新日本の番組を立ち上げのと同じ過ち。二大汚点。だが、時代がまだそこまで追いついて来れなかったという見方もできる。

新日本にとって武藤は売り出しようがないやっかいな存在。それなのにレスラーとしての持てる資質、才能は一級品。誰もがその事実を認めていた。だから相米慎二監督の映画『光る女』にも主演している。声がかかること自体がすごいことなのだ。

武藤が猪木イズムに勝った日

猪木イズムゼロ、道場神話なし、ストロングスタイル無縁。そんな武藤が新日本の世界でどう生き続けてきたのか？　そこに最大の興味がある。

G1クライマックスが企画された時、新日本は闘魂三銃士を新世代のヒーローとして時代の表舞台に出す絶好の機会とにらんでいた。

長州力、藤波辰爾の世代からの転換。前田と髙田延彦がいないのだから、あとは三銃士しかいない。当然、その第一候補はスター性抜群の武藤だ。しかし武藤がG1クライマックスに優勝すると猪木イズムの座標軸がまったく別のものに移行してしまう。猪木イズムのかけらもない武藤を優勝させるわけにはいかない。

そこで白羽の矢が立ったのが無色透明、人畜無害な蝶野。長州、藤波からすれば蝶野がG1に優勝しても二人の立場は脅かされない。安全パイ。蝶野はその部分で逆にラッキーだったといえる。

G1＝蝶野正洋。「G1男」という勲章を得たのだ。武藤は取り扱いにくいレスラーとしてその後、冷や飯を食わされる。IWGPのチャンピオンにもなかなかなれなかった。こうなると猪木イズム、道場神話、ストロングスタイルが下降、衰退、風化していくのを待つしかない。その時が武藤の出番だ。

興味深いのはそんな武藤が引っ張りだこだったことだ。藤原喜明が新生UWFに移籍した時、いちばん欲しかった右手は武藤だった。またメガネスーパーのSWSが旗揚げしようとした時、真っ先に狙いをつけたのが武藤である。しかし、武藤は移籍しなかった。ジャイアント馬場が亡くなったあと、元子夫人が全日本プロレスの社長に迎えたのも武藤。猪木イズムに関係ない武藤はモテモテだったのだ。これらは武藤的不思議現象と言える。

さらに海の向こうでNWOブームが起こった時、武藤はちゃっかりペイントレスラー、グレート・ムタとして参戦。これがまた大成功を収めたことで、自らが「反ストロングスタイル」であることを高らか証明してみせたのだった。

悪役、ヒールレスラーの存在感が希薄になっていた時代に、〝悪を売りもの〟として蘇らせた武藤はどれだけプロレス頭がいいんだとなる。

三銃士と同時代、同世代には四天王がいた。全日本の三沢光晴、川田利明、小橋健太、田上明だ。

猪木、馬場はすぐ下の世代の長州、藤波、ジャンボ鶴田、天龍源一郎とはシングルで試合をしているが、三銃士、四天王の世代とはシングルでは対決していない。唯一の例外が猪木vsムタ戦。

福岡ドームで行われたその試合は、武藤が猪木を流血させ、毒霧まで浴びせてやりたい放題。完全に天下の猪木を食ってしまった。あの時の試合後の猪木の苛立ち、不機嫌さは異常だった。ファンの間ではムタの名勝負として評価が高い。ずばり武藤が猪木イズムに勝った日である。そんな大それたことをあっさりやってしまうのが武藤なのだ。

新日本はUインターには勝ったが武藤には負けた

武藤には猪木幻想が初めからない。

1995年10月9日、東京ドーム。UWFインターナショナルvs新日本プロレスの宿命の激突。Uインターの大将は髙田。その髙田を迎え撃つ使命を受けたのが、ストロングスタイルの継承者ではない武藤。ここが最大の謎だ。

本来なら新日本は髙田に勝つべき最強のレスラーをぶつけるべきなのだ。残念ながらそのストロングスタイルを証明できるレスラーがいなかった。

というよりも新日本は内心、実は武藤がいちばん強いと考えていた。すでにこの時点で新日本のストロングスタイルは形骸化していたのだ。武藤はここでも新日本に勝った。そして髙田との決戦にも勝った。

猪木、新日本、髙田UWFに3連勝だ。新日本はUインターには勝ったが武藤には負けた。武藤はUインター的ストロングスタイルと新日本的ストロングスタイルを同時に二つ潰したことになる。

多くのファンはUが新日本に負けたと考えたが、歴史的には武藤が猪木イズム、ストロングスタイルを終わらせた日である。結果的には武藤のひとり勝ちだったのだ。

その証拠に新日本は黒のカリスマ、蝶野がnWoブームを日本列島に巻き起こした。そこにはもうストロングスタイルはなかった。影も形もなし。ストロングスタイルの終焉である。三銃士と四天王。三銃士の橋本、四天王の三沢は亡くなり、蝶野は首、腰を痛めてセミリタイア。川田、小橋も満身創痍でリングを去っている。そんななか、最後まで現役として生き残ったのが武藤。

武藤は「プロレスはゴールがない、見えないマラソン」と名言を吐いている。

これは「プロレスには答えがない」と言っているのだ。だから面白さ無限大なのだ。猪木は闘魂を、馬場は王道をひとつの答えにした。いろいろな見方、考え方があっていい。武藤はプロレス人生にはゴールがあると割り切っていた。ゴールがありならそのゴールをいかにして引き伸ばせるか。それをテーマにしていた。

ゴールから逆算してプロレス人生を設計、デザインしていく。それにはムタと武藤の二刀流が大いに役だった。それもまた武藤の計算。体が自由に動けなくなったらシャイニングウィザードという必殺技をあみ出しだ。とにかくプロレス人生の延命策に長けている。

金銭哲学にもシビアだ。男はお金だ。人生はお金だ。そこも外していない。レスラーのなかでカネ、カネ、カネと屈託なく言えるのは武藤ぐらいだ。

最後に髙田vsヒクソン・グレイシー戦に触れておこう。そもそも武藤に負けた髙田が、なぜヒクソンと試合をしたのか。本来なら髙田に勝った武藤がプロレスラーの代表としてグレイシー柔術のヒクソンとやるべきだった。武藤ならヒクソンに足4の字固めで勝っていた。つまり「ストロングスタイルではヒクソンには勝てなかった」ということである。

証言 武藤敬司 平成プロレスを支配した「天才レスラー」の光と影 目次

第2章 天才の〝苦悩〟――全日本プロレス時代

第3章　天才の〝素顔〟――リングの外側

第1章 天才の〝覚醒〟

——新日本プロレス時代

1995年8月15日、橋本真也戦の
武藤敬司入場(両国国技館)

PROFILE

武藤敬司 むとうけいじ●1962年、山梨県生まれ。学生時代は柔道の全日本強化指定選手に選ばれ、84年、21歳で新日本プロレス入団。同期の蝶野正洋、橋本真也と「闘魂三銃士」として活躍するとともに、アメリカでグレート・ムタとして大ブレイクを果たす。2002年、新日本を退団し、同年、全日本プロレスのオーナー兼社長に就任。13年には全日本を退団し、WRESTLE −1を旗揚げ。また17年からはレジェンド級の達人レスラーを集めた「プロレスリング・マスターズ」をプロデュース。IWGP ヘビー級王座4回、三冠ヘビー級王座3回など多数の王座を獲得。21年2月にはGHC ヘビー級王者を獲得。直後にノアに入団というビッグサプライズとなった。2023年2月21日、東京ドーム大会で引退。

猪木さんのやり方をすごく引き継いでいる人

1988年7日27日、凱旋帰国直後の闘魂三銃士（成田空港）

証言 船木誠勝

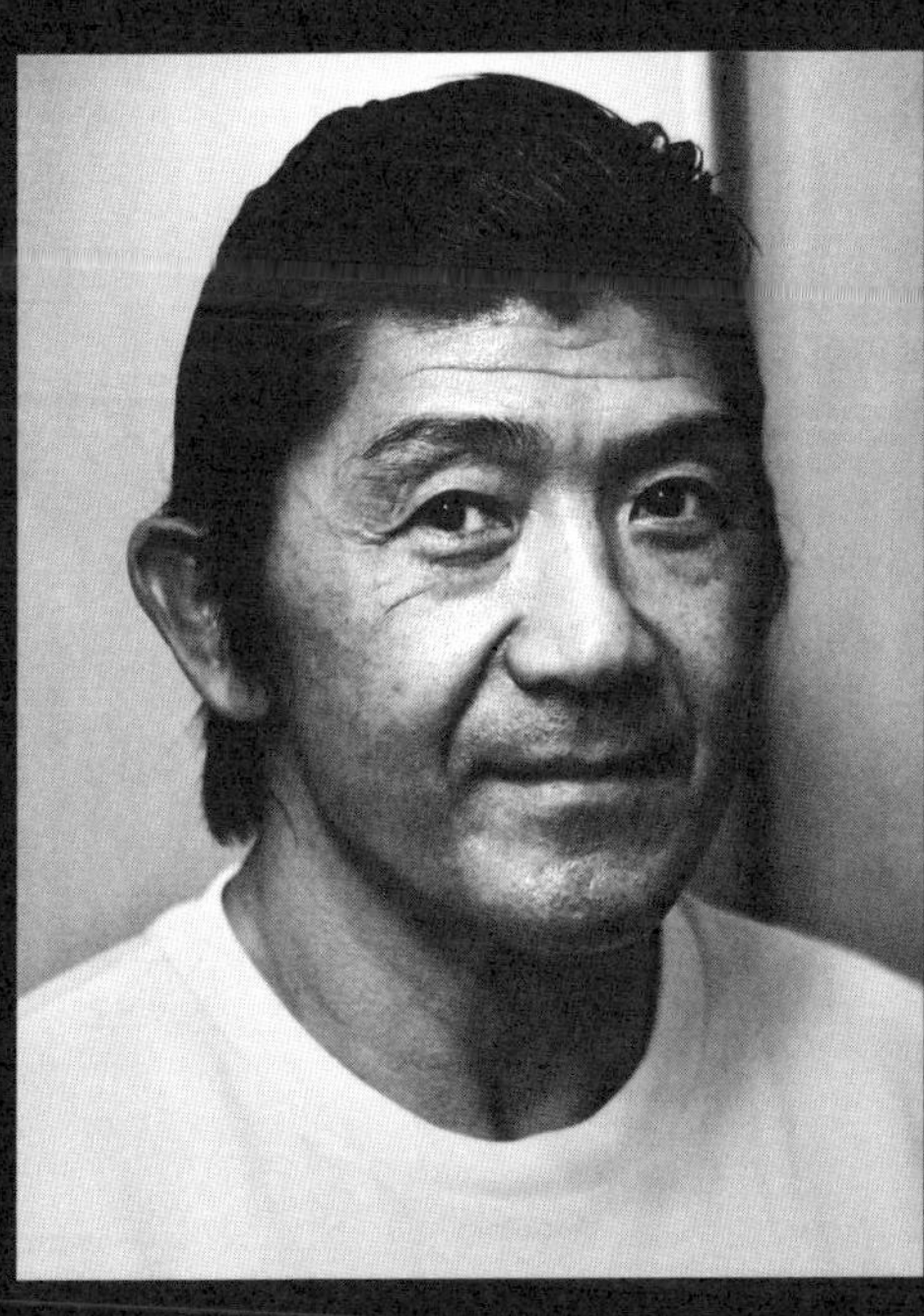

PROFILE

船木誠勝 ふなき・まさかつ●1969年、青森県生まれ。中学卒業後の84年3月、新日本プロレスに入団。ヨーロッパ遠征後の89年に新日本を退団し、新生UWFに参加。その後、藤原組を経て、93年9月にパンクラスを旗揚げ。2000年5月に「コロシアム2000」でヒクソン・グレイシーに敗れ引退するも、07年に桜庭和志戦で現役復帰。09年からはプロレスにも参戦し、全日本プロレス、ノアを中心に活躍。タイトル歴は三冠ヘビー級王座、世界タッグ王座など。

取材・文●ジャン斎藤

三者ともスーパースターに成り上がった闘魂三銃士が新日本プロレスの門を叩いた1984年。格闘技界で革命を起こす船木誠勝も入門した。彼らとともに上野毛道場で青春を過ごした船木は現在、武藤敬司が最後の棲家に選んだノアで戦いを続けている。武藤という稀代の天才レスラーの「始まり」と「終わり」を見届けることになる船木にとって、6歳上の同期の桜はどのような存在だったのか。

〝武藤ガチンコ最強説〟の真相

「自分が新日本に入門したのが4月11日ですね。21日に橋本真也が入門してくるんですが、明日やってくる新弟子がすごいらしいという噂があって。翌日に来たのは武藤さんと蝶野さん。噂の男は武藤さんのほうだったんだろうなと。柔道専門学校の出身で、体が大きくて顔もいい。もう最初からスター候補だったんでしょうね。

性格はぼーっとしてる感じで、いつも蝶野さんに『おじさん、おじさん』とからかわれてました（笑）。当時の武藤さんは角刈りみたいな坊主だったから、おじさんっぽい感じだったんですよね。1984年に入った新弟子で、21歳の武藤さんがいちばん年上でした。蝶野さんが1個下、橋本真也が18歳、自分が15歳。歳はバラバラだったんですが、蝶野さんが『同期だからみんな敬語はやめてタメ口でいいよね』ってことで、それぞれあだ名もつけようと。自分は船ちゃん、野上彰さんはノガちゃん、武藤さんはムトちゃん。蝶野さんは蝶ちゃん、橋本真也がブッチャー。自分が太ってるからブッチャーがいいんじゃないかと言ったら採用されて。橋本真也だけがあだ名っぽいんですけどね（笑）」

年齢差のある新弟子たちを率いたのは年長の武藤と蝶野の二人だった。

「武藤さんはマイペースな感じで、蝶野さんは周りに気を遣う人。自分は末っ子的なポジションだから、あんまり目立たないようにみんなの後ろに隠れてたんですけど、いちばん年下なのでみんな気を遣ってくれるところはありました。なにより武藤さんや蝶野さんは全然大人でした。自分だったら新弟子として全部やんなきゃいけないと思ってることでも、あの二人はこれはやらなくていいという選択ができたんです。

セメントの練習にしても、蝶野さんはほとんどやってないですから。プロレスをやっていくうえで蝶野さんは必要じゃないと思っていたんでしょう。武藤さんもそう思ってたはずなんですけど、武藤さんは腕に自信があるんでちょっと試したかったらしくて。猪木さんや藤原喜明さんはどれだけ強いんだろう？　ということですよね」

プロレスマニアのあいだでは昔から根強かった〝武藤ガチンコ最強説〟。船木誠勝は武藤の驚異的な強さを目撃していた。

「武藤さんはホントに強かったです。新弟子の頃からほとんど極められなかったですね。藤原さんの命令で、最初に先輩の佐野（巧真、当時・直喜）さんとやらされたんです。そうしたら佐野さんが極められなくて、藤原さんに『新弟子相手に何をやってるんだ！』って怒られていた記憶があります。で、藤原さんが武藤さんの相手をしたんですけど、それでも極められなかった。武藤さんの話だと、道場のガチンコでは猪木さんと藤原さんに足を1回ずつ極められただけだったみたいです。いま思うと武藤さんって下になっても、相手を抱えている姿が多かったんですよ。当時はなんだかかっこ悪いなって見てたんですけど、それって総合格闘技でいうガードポジションですよね。武藤さんは高専柔道をやっていたから、そういう柔術的な動きもできたってことですよね。だから誰も取れなかった」

どうでもよかったガチンコのスパー

ガチンコの強さで頭角を現していた武藤だったが、鬼も裸足で逃げ出す新日本道場の過酷な練習に嫌気が差して、入門2日目にして他の新弟子たちに脱走を提案する。

「あれは合同練習が始まって2日目の夜ですね。武藤さんが『こんな練習かったるくてやってらんないよ。俺はこんなことはもう学生時代に嫌っていうほどやってるからな』と言い出して、みんなで辞めようと。そうしたら自分と一緒に入った15歳の新弟子も武藤さんに同調したんです。自分の場合は辞めたところで実家の青森に帰れないですし、こんなことで辞めちゃうんだって驚きましたね。翌日になったら案の定、15歳の新弟子はいなくなってたんですが、武藤さんは残ってるんです（笑）。

みんなが武藤さんは辞めないの？って聞いたら、武藤さんが、道場のコーチだった山本小鉄さんに直接言うと。小鉄さんが道場に来たら、武藤さんはホントに練習がキツイから辞めるって言ったんですよ。そうしたら小鉄さんは『馬鹿野郎、もう1週間頑張って、それでも嫌だったら辞めろ』って言いました。武藤さんって真剣な時でも半笑い気味だから、どこまで本気で言ってるのかわかりづらいし、そのやり取りが妙におかしくて。最近になって武藤さんがあの事件を振り返る時は、あそこで小鉄さんに一応引き止められたんで、自分のことが必要なんだなと思ったらしいんですよ。小鉄さんに辞めろって言われたら、本当に辞めたと思います。でも、絶対に辞めさせられることはなかったです。三銃士は体が大きかったですから、会社が手放すわけがないなと。ライガーさんとか体が小さい先輩は、辞めてもいい感じでしごかれるんですけどね。だいたい蝶野さんだってセメントの練習を拒否できたんですからね」

圧倒的な才能からか武藤の自由奔放な振る舞いは、先輩たちから目を瞑られることが多々あったという。

「武藤さんに対する態度は、自分たちとは明らかに違いましたよ。自分たちは初めての巡業先が大宮スケートセンターだったですけど、会場の上のほうに控室があって、そこにはなぜかお風呂があって、お湯が湧いてて、打ち上げ用のビールもセットされてたんですよ。スパーリングが終わった武藤さんと蝶野さんがこりゃいいやってことで湯船に浸かってビールも飲んでいたら、新弟子がなにをやってるんだって誰かに怒られたんですけど、武藤さんは半笑いで『あ、すいません』と。ちょっとやっちゃいましたぐらいの感じで謝るんです（笑）。普通新弟子がそんなマネしたら張り倒されますけど、武藤さんの場合はそこまで怒られない。変に怒って辞められたら困るところもあったはずだし、なんだか憎めない魅力があったんだと思います」

折しも第一次UWFの誕生や維新軍の離脱により、新日本から多くのレスラーが去ったことも武藤たちに功を奏した。貴重な新弟子を無駄に捨てることはできないし、それならばと、手薄となったリング上を埋めるべく、武藤たちは入門から半年足らずで次々とデビューすることになったのだ。

「上の選手たちがいなくなったことで、切り上げでデビューさせられたところはありますね。だからって無理やり試合をさせられたわけじゃなくて、武藤さんと蝶野さんは最初から普通に試合ができてたんですよ。あの二人は、先輩の試合を見てプロレスの型というものを覚えて、実際に自分たちで普通に試合をつくることができていたんです。自分なんかは試合の型なんかよくわからない。だから、いざ自分が試合しようとしてもなにもできない。ただ投げられて、締められて終わりです。武藤さんや蝶野さんはガチンコのスパーがどうでもよかったように、プロレスの捉え方が強さありきではなかったってことですよね。そこは大人の感覚で入門してますから。三銃士のなかでブッチャーは違いましたね。プロレスは真剣勝負。極真空手の内弟子になるか、アントニオ猪木の弟子になるかをずっと迷って、その結果、新日本に来たと言ってましたから」

旅館破壊事件はイデオロギー闘争の末路

入門時点から〝プロレス最強〟という思想に取り憑かれていなかった武藤は前座でアクロバティックな大技を披露していく。新人にもかかわらず「若手は大技禁止」という不文律が適用されなかったのは、新日本の苦しい台所事情が追い風になっていた。

「当時は前座の若手は大技を使っちゃダメだったんですよね。でも、大量離脱が起きた時で、全体会議でライガーさんが大技を解禁させてくれってお願いしたんです。自分たちがスターになるためには、やっぱりすごい試合をしなきゃダメだから、大技解禁させてもらわないといつまでたっても先輩を超えられない。ライガーさんの直訴で大技がオッケーになったんです。だけど自分は使わなかったです。海外から帰ってきてから使ったほうがいいんじゃないかな、と思ったんです。

そういうこともあって武藤さんは前座の頃からムーンサルトプレスをやってましたね。第一回ヤングライオン杯から必殺技として使い出して、自分も喰らいました。武藤さんがすごかったのは小杉（俊二）さんとの試合でムーンサルトをやった時に、ちょっと遠いなって思ったらしくて、マットに手をついて、ニードロップに変えましたから。それができちゃう運動神経や感覚のすごさ。ムーンサルトは初代タイガーマスクのビデオを見て、俺もできるかなあと。あとはぶっつけ本番でやっちゃう。ローリングソバットもそうですけど、ヘビー級で初代タイガーマスクの技が即できちゃうわけですよね」

飛び抜けた身体能力と現場の事情とも相まって、武藤はデビュー直後から異例の抜擢をされていった。

「武藤さんはデビューして2〜3カ月ですぐにテレビに出ちゃったわけですからね。テレビデビューの試合が外国人との試合。もう中堅どころの位置ですよ。そしてデビューから1年で海外修行に出されて、1年後には帰国してスペース・ローンウルフとして売り出されていく。会社としては早くスターをつくりたかったんでしょうね」

スペース・ローンウルフとしての凱旋帰国。武藤は宇宙飛行士を思わせるヘルメットを被り、近未来をイメージしたブルゾンを身にまとったキャラクターで大々的に売り出された。しかし、当時の新日本は前田日明らUWF軍団がUターンしていたこともあり、新日本の原点であるストロングスタイルのあり方が問われ、すなわちプロレスラーの強さにファンの目が厳しく向けられていた。そんなムードが漂うなか、アメプロスタイルの武藤が歓迎されることはなく、また強引な売り出し方にファンは顔をしかめていた。

「あの時は猪木さんやマサ斎藤さんのナウリーダー、長州さんや前田さんのニューリーダーの抗争がありましたけど、若手の武藤さんがなぜかナウリーダーに入れられた。ファンもなんだそれ!?って思ったはずですよね。それであの派手な格好じゃないですか。武藤さんに聞いたんですよ。

あれっていいと思ってたんですか？って。そうしたら、アメリカではプロモーターが出したものをやらないと食っていけない。あの衣装も、ナウリーダーに入れられたことも、それはプロモーターの意向だから、とりあえず命令を聞いて、そしてトップに上り詰めることしか考えてなかったというんです。

あとは、いかにして目立つか。そこが武藤さんにとっていちばん重要なんです。当時武藤さんがこう言うんですよ。『船ちゃんはいいよな。もう若いっていうだけで注目されるから』って。その意味は当時けわからなかったんですけど、どんなものを使ってでも目立ちたいという武藤さんの考えがあるってことですよね。そうはいってもスペース・ローンウルフの頃が武藤さん的にはいちばん面白くない時代だったんじゃないかなと思うんです。ナウリーダーに無理やり入れられたり、映画（『光る女』）に出させられたり。あと旅館破壊の発端となった前田さんとの喧嘩もあったし」

伝説の熊本旅館破壊事件。1987年1月23日、熊本県水俣市の旅館で、リング内外で対立する新日本とＵＷＦ軍団の親睦をはかる飲み会が開かれたが、酒の勢いも手伝って大乱闘に。旅館が破壊される修羅場となった。

「せっかくアメリカでプロレスを学んで帰ってきたのに、なんでＵＷＦみたいなのがいるんだ？っていう。しかも武藤さんはその相手をさせられたわけですからね。さっきも言いましたけど、武藤さんはガチンコは強かったですから。たとえばＵＷＦ勢と固い試合になったとしても、自信があったんでしょうね。前田さんたちもそこらへんはわかってます。先輩からすれば、たぶん面倒くさい後輩だと思うんですよ（笑）。なにかあったらアイツはちょっと潰してやろうみたいに思われてても仕方ないし、それが旅館事件につながったんじゃないですかね。まず前田さんが『武藤、お前、海外から帰ってきたからっていい気になってるんじゃねぞ』と言ったら、武藤さんが前田さんに『あんたらのやってることは、プロレスじゃねえんだよ！』って言い返した。怒った前田さんが武藤さんに馬乗りになって殴りかかって……そこからあの事件は始まったんです」

猪木が掲げるストロングスタイルに心酔して強さを追求した前田、髙田らＵＷＦ。その次の世代の武藤や蝶野はそこに染まらず、真逆のプロレススタイルを確立していく。この旅館事件はイデオロギー闘争の末路でもあった。

「武藤さんが入門したのは、初代タイガーマスクが出てきた直後じゃないですか。プロレスが、もしかしたら変わろうとしていた時期なんじゃないですかね。だって初代タイガーマスクがプロレスを変えちゃったじゃないですか。そこに藤波さんと長州さんの日本人対決が人気になったりして、それまでの日本人vs外国人のプロレスとは違っていったと思うんですね。あの時って猪木さんにしても異種格闘技戦の終わりの頃だったし、自分も全盛期の頃の試合はそんなに知らないんです。初めて猪木さんに会った時もお父さんという感じのイメージでした。やっぱり初代タイガーマスクや前田さん、髙田さんとかのファンで。自分の場合は藤波さんでもなかったです。おそらくプロレスが変わる瞬間に出てきたのが武藤さんだったのかもしれないです」

いまでも武藤の全日本移籍に怒ってる蝶野

凱旋帰国後、イデオロギー闘争のカオスに巻き込まれた武藤は88年、再び海外遠征に発つ。ここで船木は武藤との関わりがいったん途切れ、再びリングで出会うのは22年の時間を要することになる。

「武藤さんが2回目の海外に出て、同じ時期に自分はヨーロッパに行きました。自分は帰国後は新生UWFに移りましたから、三銃士とはそれっきりでした。84年に入門して88年に海外修行だから、武藤さんと過ごした時間は4年間ぐらいですか。いや、武藤さんは途中で海外に出てますから、もっと短い付き合いですよね。自分が2009年に武藤さんの全日本プロレスで復帰するまでの間、もしかしたらプロレス大賞授賞式でちらっと会ってるかもしれないですが、ヒザを突き合わせて話すことはなかったですね。

久しぶりに会ったのが、自分がヒクソンに負けて引退して芸能活動をやってる時。武藤さんがやっているスカパーの対談番組に呼ばれたんです。あれがたしか02年頃ですね。お互いに活躍は雑誌や映像で見ているし、久しぶりっていう感じはありませんでした。会ってなくてもすぐに昔の感覚に戻るんですよ。

その時、武藤さんから『プロレスに復帰しないか』って誘われたんです。そのあと雑誌で対談した時も言われましたね。武藤さんは必ず誘うんですよ。『気が向いたら手伝ってよ』と言われても、そんな簡単に戻れないですよね。でも、武藤さんは誰でもダメ元で言うんですよ（笑）。知名度のある芸能人やタレントにもすぐに言います。『プロレスやってみない？』って。全日本に入ってからよくわかったんですが、とにかく武藤さんは話題をつくることをずっと考えてるってことですね。だからプロレスをやったら盛り上がりそうな人をすぐに誘う。自分と戦ったら面白そうな相手をどんどん探そうとするし、パンクラス時代に自分が戦ったバス・ルッテンや謙吾を呼べないかなとか、そんなことばっかり考えていましたね。武藤さんが新日本を辞めて全日本に移ったのも、いかに話題をつくって目立てるかって理由もあったと思いますね」

新日本は90年代末から猪木主導の格闘技路線に染まりつつあった。己の存在が埋もれることに危機感を覚えた武藤は変わりゆく故郷を捨て、全日本移籍を強行する。

「全日本に移った時、武藤さんは蝶野さんに何も相談せず新日本から出ていったんですよね。蝶野さんはあの時のことをいまだに怒ってるんですよ（笑）。でも、武藤さんは『そんなの当たり前じゃん。蝶野に相談したら引き止められるに決まってるから』と。たしかにそうなんだけど、蝶野さんからすれば、これから新日本を立て直そうとしてるのに武藤さんはいなくなり、しかも選手や社員を全日本に連れていっちゃいましたから、それは怒りますよね。

でも、いまも2人は昔と変わらない関係ですから。そこは同期、三銃士の絆というか。武藤さんは最初に闘魂三銃士の結成を言われた時に『なんで俺が3人でやらなきゃいけないんだよ。俺は一人でやっていけるよ』とこぼしてたんです。そこは3人になると目立ちづらいってことですけど、結果的に三銃士としてやったことは大きいんでしょうね」

なにかにつけて「俺はプロレスLOVEだから」

若手時代から数十年経ち、いったんは離れ離れとなった船木と武藤は同期としての関係を取り戻す。「コロシアム2000」（2000年5月26日）のヒクソン・グレイシー戦で一度は引退した船木はのちに格闘技に復帰。そして2010年、武藤との縁から全日本でプロレス復帰戦も行った。そこで船木は武藤とタッグを組む。相手は蝶野正洋&鈴木みのる。新日本同窓マッチだった。

「武藤さんに誘われて復帰したものの、最初は長くやるかはわかんなかったんです。どうなるかわからないけど、半信半疑のままとりあえずやってみようと。プロレスに戻ってみたら、試合の中身がかなり進化していたんです。しばらく離れていた自分は全然ついていけなくて、武藤さん、蝶野さん、鈴木が平気な顔して20分も戦っているのがちょっと信じられなかったんです。こんなことってできるのか？　こっちはもうフラフラですよ。プロレスを続けるとなると、こんなレベルの高いものをこなしていかなきゃならないのか……という焦りはありましたね。

すぐに次のシリーズにも出ることになったんですが、なぜか武藤さんは自分とタッグを組ませるんです。武藤さんの試合って基本的にメインだから、復帰して間もない自分がそのなかにいきなり入れられちゃう。毎日もう大変でしたね。昔の必殺技がつなぎ技になっちゃってるし、体も痛い。ホント苦しかったんですが、武藤さんは毎日そばにいてくれました。『これもプロレスだよ。あれもプロレスだよ』と、なにかにつけて『俺はプロレスLOVEだから』と。そう繰り返すことで自分に徐々に暗示をかけたんじゃないかなと。プロレスの体と思想を取り戻すために、毎日メインで一緒に試合をやって。でも、ついていくだけで必死で、ホントにキツかったです(苦笑)。メインじゃなかった時は、ちょっとほっとしました」

すでに船木は40代だった。いくら10代の頃は将来を嘱望されていた逸材だったとしても、プロレス勘を取り戻すのは至難の業。船木の体と精神が疲弊していた。

「このままやっていけるか不安でした。でも、あれは戻って半年ぐらいですかね。試合後の打ち上げの席でスポンサーの方から『武藤さんが、これからも(船木が)全日本にずっといられるように話をしていた』と。その時はアルコールの酔いも手伝って、ホテルに帰って泣きましたねぇ……。自分はずっと孤独だったんです。久しぶりにプロレスに戻ってきて、訳もわからず毎日試合をやった。体も痛いし、思うようにできてないんだけど、武藤さんはこれからもここにいさせてくれると。悪い意味で気が張っていたのが、すごくほっとして、ひとり泣きました。

いまでもプロレスをやっているのは武藤さんのおかげです。自分がこうやってプロレスに戻ってやっていけるようになったのは、やっぱり武藤という傘があったから、雨に濡れなくて済んだんだと思う。復帰してから1年後の両国大会の控室で武藤さんがムタになるために顔にペイントを塗ってる時に、自分が真剣な顔して『1年ありがとうございました』って感謝を伝えたら、『おお、なんだよ。びっくりしたよ。辞めんのかと思ったよ』ってあのムタの顔で驚いてました（笑）」

武藤が休場すると団体経営は苦しくなる

その武藤が全日本を離れて2013年にWRESTLE－1を新たに興すと、船木も武藤に従った。しかし、WRESTLE－1の体制が変わると船木は離脱を決める。

「それはもう同期が社長をやっている会社じゃないですから。武藤さんに自分のことを受け入れてもらったし、こっちもなにか武藤さんの手伝いができないかなっていう気持ちはずっとありました。全日本で3年やってWRESTLE－1で2年。WRESTLE－1を辞める時も武藤さんに一瞬引き止められたんですけど、もうこれは武藤さんの会社じゃないから自分はいられないです、と。武藤さんは『明日からじゃあ、どうやって食っていくの？』『給料が下がっても、とりあえず残って、そこからでも遅くないんじゃないか』って心配してくれました。だけど、自分はあそこが勝負だと思ったんですね。そこは武藤さんじゃないけど、いかにして目立つかですよ（笑）」

武藤が率いた団体は全日本にしろWRESTLE－1にしろ慢性的に経営に苦しんでいた。

「武藤さんの団体ですけど、武藤さんの力がすごいというか、武藤さんに尽きるんですよ。なんだかんだ全日本の経営がおかしくなったのは武藤さんがヒザの手術で戦線離脱してから。武藤さんが出てれば、みんな応援するし、スポンサーもちゃんとつくんですよ。ただ武藤さんが出なくなると、どうしても……最終的に100人ぐらいしか入らない会場もありましたから。全日本というか、武藤さんの名前です。WRESTLE-1の場合は最初からスポット参戦みたいな感じでしたね。

武藤さんが自分を全日本に入れたのも、ちょうどヒザを手術して半年間いなくなるから、自分にその穴を埋めてもらえるんじゃないかと計算したんじゃないですかね。でも、自分には無理ですよね。武藤さんと俺は違う。武藤さんの代わりはできない。かといって、若い選手たちも全然できない。もし代わりができていたら、武藤さんはもっと先に引退してますよね。やっぱり10年、20年に一人の存在なんで、それを超えるのはなかなか難しいってことですよね」

新日本の前座時代、円熟期の全日本やWRESTLE-1、そして引退を遂げるノアで、武藤に接してきた船木は、プロレスラーとしての武藤のすごさをこう分析する。

「それはやっぱりあの運動神経と経験だと思います。若い頃もすごく動けてましたけど、去年も普通に30分ドローの試合を何回もやってましたから。60手前でよくそこまでできるなと思いました。そんなに疲れないで体を動かす術を知ってますよね。あと徐々に試合を動かしていく。若手の頃から序盤はグラウンドの攻防を見せて、そこで〝勝負〟という空間をつくる。そこにお客さんを引き込んだら、もう何をやっても盛り上がると。そのへんはたぶんアメリカンプロレスじゃないですよね。日本のファンがプロレスになにを求めているかわかっているから、最初は派手な動きはしない。アドリブの部分でつくりごとじゃない戦いを見せて、その空気ができあがったらプロレスの技をポンポン入れていく。空気づくりがすごく重要だってことがわかります」

アメプロのイメージが強い武藤だが、時にプロレスラーとしての強さやエゴを強烈に相手に叩き込む試合も見せることがある。ムタにおける猪木戦（94年5月1日）、新崎人生戦（96年4月29日）などがそれだ。

「相手の色を消すわけじゃないですけど、武藤さんが完全に持っていこうとする試合はありますよね。そこはやっぱり猪木さんの影響じゃないですか。たぶん、若い頃に猪木さんにやられていたと思うんですよね。とにかく自分が持っていくってことを猪木さんから盗んだというか。新日本の選手ってそういう人が多いし、武藤さんはどちらかというと猪木さんのやり方をすごく引き継いでる人だなと思いました」

スペース・ローンウルフから"プロレスの守護神"へ

武藤の数々の名勝負のなかで、船木は新日本とUインターの全面対抗戦で実現した髙田戦（95年10月9日）をベストバウトに挙げた。

「新日本vsUインターは世間の話題にもなったから、武藤さんのベストバウトだと思います。自分はいちばん印象に残ってますね。他の試合はちょっと考えられないです。あの時はUインターが経営的にダメになって、新日本の提案から全面対抗戦をやると聞いてましたね。そんな理由なのでおそらく髙田さんは武藤さんに負けるんだろうなと思いながら見てました。ただ4の字固めで負けるのは意外というかびっくりしました。

当時の新日本だったら髙田さんの相手はブッチャーでもよかったはずなんですよね。でも、ブッチャーはちょっと格闘技っぽさが入ってる。武藤さんは格闘技的な蹴りを使わないところも、プロレスvs格闘技の見え方ができてよかったのかもしれないですね」

髙田戦でプロレスをやり通した武藤の姿を見て、船木は若手時代に聞いた猪木の言葉を思い出したという。

「UWFが新日本に帰ってきた頃ですよ。控室のモニターで猪木さんが試合を見てたんですけど、猪木さんはUWFの人たちの構えを嫌がってたんです。『あれが嫌なんだよな』って。あれってキックボクシングの構えですよね。プロレスラーは構えもレスリングであるべきだというのが猪木さんの考えなんでしょう。当時の自分はその意味がちょっとわかんなかったですけど。

その点、武藤さんはプロレスラーそのものですよね。髙田さんとの試合でも、プロレスの古典的な技で勝ったことにすごくインパクトがあったわけですし。それこそ入門当初からプロレスはプロレスとして割り切っている武藤さんが足4の字で試合を終わらせたのは、すごく腑に落ちますよね。武藤さんらしいなと。最初の凱旋帰国の時にナウリーダーに無理やり入れられたのも、あとになってみると意味が出てきますよね」

スペース・ローンウルフは80年代のストロングスタイルを崇めるファンからは唾棄されても仕方のないギミックだった。しかし、その10年後には武藤は一転して〝プロレスの守護神〟と支持される存在となり、UWFを消し去った。また猪木の格闘技路線に反旗を翻して、故郷・新日本を捨てて「プロレスLOVE」を打ち出した。武藤は一流の身体能力とセンスをもって、プロレスをプロレスとして日本に根づかせていった。

「全日本で武藤さんと接して学んだことは、プロレスは作品であり、どんな試合でもそこでなにをやるかという理由があって、そこを真剣にあれこれ考えることですね。この試合ではどう動けばいいのか、誰に焦点を当てるのか。なにかしら必ず意味を問う。武藤さんは『今日さ、これやってみたらどうかな』っていきなり振ってくるんです。そういう発想があるのかという驚きはたくさんありました。引退試合の相手も誰を持ってくるのか。果たして勝つのか、負けるのか。そのへんは絶対に妥協しないと思うんです。最後の最後まで、ある意味でわがままにやると思うので、そこは楽しみですよね」

船木も引退ロードの相手のひとりとして武藤と肌を合わせている（22年9月25日。武藤、藤田和之vs船木、中嶋勝彦）。船木にとって同期であり恩人の武藤の最後を感じることが叶った。

「正直、自分はあんまり絡みたくなかったです。入門したその日からの付き合いですから、しんみりしちゃいますよね。実際武藤さんとやってみたら、武藤さんはもう足が動かないですよ。だから手を引っ張って、相手を寄せようとするんです。もうそれぐらい足が悪いんだな……と。引退を決めたのもよくわかりました。やっぱり戦うほうが気を遣うようになったら、やっぱり相手に悪いなと思いますし、上がやめないと下が濁るじゃないですけど、やっぱりやめるのが正解なんだなと思います。

武藤さんは60歳でやめますが、自分もその年齢まではやりたいなと。ただまあ、あと7年もあるんで意外と長いから（笑）、どうなるかはわからないですけどね。いまは試合をやったあとの回復がすごく遅くなってるんですよ。体のいろんなところが痛いし、毎日試合する体ではもうないんだなってのはわかります。だから60歳までやった武藤さんのすごさがわかりますよね」

スペース・ローンウルフ時代
の武藤（1986年10月27日、
奈良県立橿原体育館）

いまでも武藤敬司は
〝友達がい〟のある人間だと思っている

1992年8月16日、長州力戦後の
グレート・ムタ(福岡国際センター)

証言 ジミー鈴木

PROFILE

ジミー鈴木 じみー・すずき●1959年、東京都生まれ。79年にプロのカメラマンとして初渡米。帰国後、大学を中退し、82年からプロレス専門誌紙の米通信員となる。『週刊プロレス』『ビッグレスラー』『週刊ゴング』『東京スポーツ』『週刊ファイト』などを中心に海外プロレス取材の第一人者として活躍。2013年からは武藤敬司率いるWRESTLE－1の北米支部長に就任し、ブッキングを担当。16年に新団体「DSW」を旗揚げし、18年には新団体「TCW」を旗揚げ。著書に『現地発！ジミー鈴木のアメリカン・プロレス直行便2005』（東邦出版）など。

武藤敬司の〝もうひとつの顔〟グレート・ムタの試合を最も取材し最も至近距離で見た男、ジミー鈴木。プロレス専門誌やスポーツ紙の米国通信員として全米各地を飛び回り、アメリカ遠征中の武藤を取材し続け、アメリカではプライベートの時間もともに過ごしてきた。グレート・ムタが全米トップに上り詰めた80年代末から90年代初頭にかけて、天才・武藤敬司はどのようにしてプロレスの本場で磨かれていったのか——。

坂口征二のポジションを目指した武藤

「武藤敬司との初めての出会いは1985年。フロリダで修行中の武藤敬司を取材しに行ったのが最初だね。リングネームはホワイト・ニンジャだった。たしか『週刊ゴング』の取材で行ったんだよ。当時の俺は全米各地を回っていて、『あそこに日本人がいるから行こうか』って感じだったの。武藤敬司とは初対面からいろんな話をしたなあ。『新日本のなかでは誰と仲がいいの?』『ボクは蝶ちゃん（蝶野正洋）です』というやり取りは覚えてるけどね。武藤敬司との距離が近づいたのは、彼が2度目の海外修行でプエルトリコからダラスに転戦した時から。当時の俺はダラスに住んでたからね」

当時のテキサス州ダラスは鉄の爪フリッツ・フォン・エリックがプロモーターとして采配を振るう由緒正しいテリトリーだった。鉄の爪王国はのちにＷＷＥの全米侵攻もあって滅亡に追い込まれるが、まだ輝きを放っていた頃のダラスで武藤はキャリアを積むことになる。

「87年3月から俺はダラスに移ったんだけど、最初は剛竜馬さんがいたんだよ。そのうち武藤敬司が桜田（一男、ケンドー・ナガサキ）さんと入ってきたのかな。そこから友達付き合いをするようになったの。でっかい缶入りのポップコーンをウチの息子にプレゼントしてもらったことがあった。

ダラスでの武藤敬司人気はすごかった。ヒールなんだけど、テキサススタジアムのビッグショーで3人掛けをやったり、もちろんエリック兄弟ともやってる。ただ、その時はまだ若者だったからプロレスラーとして円熟はしてないよね。まだ修行中というか、発展途上のレスラーだったわけだ。一緒にいた桜田さんとはスタイルが違うから、桜田さんからプロレスのなにかを吸収したことはたぶんあまりないわけ。だけど生活のうえでアメリカを知り尽くしている桜田さんと一緒にいたことで、かなり手助けになってたと思うよ。武藤敬司はアメリカに思いっ切り馴染んでいくわけじゃん。

俺も桜田さんが運転する車に乗って、一緒に試合会場まで行くことがあったんだけど、何時間もかかることがあるでしょ。車の中でいろんな話をしたんだよね。だいたい俺と武藤敬司の二人が話してて、基本無口の桜田さんは黙って聞いてるんだけど。そういう時間をいっぱい共有してきたし、アメリカを生で感じて、いろいろなものを感覚的に身につけていったんじゃないかなって俺は思う。理論とかそういうことじゃなくて、感覚的に身につけていく。やっぱりアメリカンプロレスは正義だもん。プロレスっていうのはアメリカから来たものだから、あとはいわば全部邪道なんだよ。話は脇道にそれるかもしれないけど、大仁田厚選手は彼の修行先だったテネシー州あたりのエッセンスがいっぱい入ってるんだと思う。武藤敬司もその土地のプロレスを経験しながら、感性で吸収していってた。発展途上はずっと続くんだけど、そのあとＮＷＡ（ＷＣＷ）に入っていくことでまた大きく変わっていったよね」

２回目のアメリカ修業前の武藤は、新日本プロレスのリングでスペース・ローンウルフというキャラクターを与えられて売り出されたが、ファンからの評価は芳しくなく、再びアメリカに渡ってきた（88年1月）。その当時のことを武藤はジミーにこう振り返っていたという。

「映画（『光る女』）出演のギャラが６００万円も出て、坂口征二さんから勧められてＮＴＴの株を買ったとか（笑）。当時の新日本という会社を見て思うことがあったのか、『自分はナンバー２のほうがいいな』って言ってたよ。当時ナンバーワンの猪木さんとナンバー２の坂口さんはそれほど変わらないくらいの所得を得て、だけど猪木さんはいちばん負担がかかって、客が入らなかったら一番の責任者になるわけだ。だったらナンバー2のほうがラクでいいじゃんと。そんな話を聞いたら坂口さんは怒ったかもしれないけどね（笑）。実際は武藤敬司は全日本プロレスの社長になって経営が大変だったでしょ。いちレスラーとしてやっていた頃のほうがよかったかもしれないけど……まあ彼はレスラーとしてもトップに立つんだけどね」

「GREAT MUTO」が間違って「GREAT MUTA」に

武藤がスターダムにのし上がるきっかけは、NWAの有力プロモーターだったジムクロケット・プロ（のちのWCW）への参戦だった。そこでジミー鈴木はグレート・ムタ誕生の瞬間を目撃する。

「WCWのトップになったのはすごく速かったよね。だってそんなに長くいたわけじゃない。1年もいなかったよ。だからあっという間に上まで行っちゃったんだよ。

ムタとしての最初の試合がたしかWCWの本拠地だったアトランタでのTVマッチだったんだけど、これは結構有名な話になっちゃってるけど、『GREAT MUTO』というリングネームでやるはずが、モニターを見たら『GREAT MUTA』という表記になっていて。MUTOがMUTAに間違ってるから俺が訂正してこようとしたら、武藤敬司は『ちょっと待って』としばらく考えて『いや、ムタってカッコイイじゃん！　なにも言いに行く必要はないよ』ってことで、そのままムタとして試合をやったの。そこは感性によるものだよね」

グレート・ムタは瞬く間にトップレスラーのポジションを獲得して、リック・フレアー、スティング、レックス・ルーガーらとともに「WCW四天王」と称されるほどだった。

「J・J・ディロン（ジム・ディラン）や、のちにWWEの看板アナウンサーになるジム・ロスはその時はブッキングチームの人間だったんだけど、彼らが武藤敬司のことをものすごく買ってたよね。あとWCWからすればすごく安い買い物だったんだよ（笑）。スタートした時はギャラがかなり安かった。週2000ドルだったの。年間で10万ドルスタートだよ。でも、活躍が認められて1カ月後には3000ドルにアップしたよ。武藤敬司が週2000ドルではやってられないって言ってないとは思うけど、向こうが察して、もっと上で使っていくから上げてやるみたいな感じで。そこからどれだけ上がったかは俺は知らない。でも、2000ドルだ3000ドルだって話はリアルタイムで俺も聞いてるんだよ。だから俺は武藤敬司は日本車みたいなもんだよって言ってたんだよ。性能がよくて、壊れなくて、いい仕事をして、安いだろっていう話をしたことがあった（笑）」

日本車にたとえられた武藤だが、アメリカでは車を所有していなかった。それまでは桜田一男の車に同乗してテリトリーをサーキットしていたが、WCWには単身乗り込んでいたため車を所持しておらず、行動範囲は決まっているためにアトランタでの生活は単調だったという。

「武藤敬司が住んでたのがハワードジョンソンっていう安いホテル。アトランタ空港のサウスにあって、そこに住んでるWCWのレスラーが結構多かったね。ダラスの時は桜田さんが車を何台か持ってたから足はあったんだけど、アトランタでは車がない。じゃあメシを食うのにどうしてたかっていうと、ホテルから歩けるところにあったワッフルハウスと、その隣のウェンディーズ。アトランタのTVマッチの時は、そこによくメシを一緒に食いに行ったよね。車で5分くらいのところにシルバードラゴンというチャイニーズレストランがあって、和食が満たされてないからその代用でたまにチャイニーズを食べるわけだけど、ご飯がパラパラでけっしておいしくはないんだよ。いまでも当時の話をすると、『パラパラのご飯のチャイニーズを食いたいよ……』って言うんだよね。日本ではあんなパラパラなご飯は食べられないから懐かしくてね。そういうダサい味が懐かしいんだって」

サーキットでアトランタの街を出る時が武藤にとっての息抜きとなっていた。

「アトランタには飽きるけど、旅もするじゃん。その時にその土地のものを食べたりするからね。俺とレンタカーに乗ってよく会場まで一緒に行きましたよ。あの時に盛り上がっていたホットタウンはボルチモアかな。必ず客が入ってて人気が高かったんだけど、そこで武藤敬司はフレアーとシングルをやってるよね。

その頃はダラス時代と比べて、レスラーとして磨かれてきていた。ダラスの時は地元のヒーローのエリック兄弟とやっていたわけだけど、ＮＷＡという全国区に行ったわけだ。そこでフレアーだ、スティングだ、ルガーだと、全米のトップどころとやってね。並み居る強豪たちと試合をして経験を積んでいった。それにムタの使う技は他のヤツが使ってないし、見たこともないから人気は出るよ。ムーンサルトプレスに側転エルボー、鎌固め。たしか『鎌固めをやったほうがいいよ』って言ったのは俺なんだよ。そもそもは猪木さんの技を入れるっていう考えがあったような気がする。インディアンデスロックは猪木さんのムーブじゃん。そこからの流れで鎌固めをやろうと」

WCWと日本でファイトスタイルの違うムタ

ＷＣＷで人気を博した武藤は90年4月に帰国する。新日本のリングでは素顔の武藤敬司とグレート・ムタの2つの顔を使い分ける必要に迫られたことで、暴虐ファイトのヒールとしてのムタを確立するにようになった。つまりＷＣＷでのムタのスタイルは凱旋帰国時の武藤そのものであり、日本のファンが慣れ親しんでいるムタの極悪ぶりは日本向けにつくられていったものだった。

「ＷＣＷの頃はムタと武藤敬司のファイトスタイルはそんなに変わってないよ。面白いことをやるなって思ったのは、タッグで自分の出番じゃない時にリングの外にいるじゃん。それでタッチもせずに中に入ろうとするところをレフェリーが止めるんだけど、強引に入っちゃう。それで次の瞬間になにをしてると思う？　リングの下に指を伸ばしてゴミを拾うふりをして元に戻るんだよ。そんなことをよくやってたよ。

あとは面白かったのは、トップロープに金的を打ちつけて痛がるでしょ。それで次になにをするかっていうと、ムタは赤いパンタロンを履いてたじゃん。ショートタイツと違ってウエストに余裕があるから、パタパタパタって風を入れるみたいに下腹部を扇ぐんだよね。それをいつまでもやってると、レフェリーが『おい、いつまでやってるんだ！』って注意すると、『ちょっと見てみろ、レフェリー。こんなに腫れちゃったじゃないか』って感じでパンタロンの中を見せるわけ（笑）。

実はそのレフェリーは、公表はされてなかったんだけど、アッチの人でね。客はレフェリーがコレだっていうのは知らないんだけど、そこにもう一歩深い部分があったってこと。

俺も取材歴は長いけど、誰ひとりそういう動きをやってないから面白くて、それは独自のムーブだよ。だからヒールっていう感じではない。人気のあるヒール。それってフレアーもそんなところがあったよね。ヒールなんだけど憎めなくて人気があるってヤツ。やっぱり武藤敬司はフレアーの影響を受けてるところもあるよね。もちろん当時WWEのトップだったハルク・ホーガンの影響も受けてる。武藤敬司はホーガンが好きだったしね」

日本とアメリカのプロレス団体でトップを取り続けた武藤が唯一、足を踏み入れたことのないリングが、そのホーガンをエースに擁していたWWEだった。武藤はWCWから世界最大のプロレス団体へ移籍する色気はなかったのだろうか。武藤がWCW離脱を決めた当時をジミー鈴木はこう述懐する。

「89年のPPVビッグイベント『スターケード』でフレアー、ルガー、スティング、ムタの四つ巴をやったんだよ。そこでムタが全敗しちゃったんだよね。で、翌年2月6日のPPVが最後の試合。テキサス州コーパスクリスティの会場でたしかPPVイベントだったたね。その場所がすごく遠くてダラスから車で8時間くらいかかるんだよ。その帰りの車の中で『ここらが潮時かな…

…』って言っていた。このタイミングでWCWを去って日本に行くのがベストだと本人が思ったんだろうね。俺はリアルタイムで聞いてるんだよ」

当初の予定では武藤は90年2月10日、新日本の東京ドーム大会にグレート・ムタとして凱旋。フレアーが持つNWA世界王座に挑戦するはずだったが、新日本がその直後の4月に行われるWWE日本公演に協力することが明らかになると、WWEとライバル関係にあったWCWは新日本の姿勢を問題視。フレアーの派遣を一方的に取りやめた。グレート・ムタ日本初お披露目が幻に終わり、新日本とWCWの関係に秋風が吹いたことも、武藤の決断を後押ししたとも言える。

「だからってWCWを辞めてそのままWWEに行くという考えはなかったはず。だって武藤敬司本人の口からWWEという言葉は全然出てこなかったし。実は『言っていた』ことにしたほうが話は面白いのかもしれないけど（笑）。なぜWWEという選択がなかったかといえばさ、その頃のWCWはまだ強かったからね。そのあとWWEが天下を獲っていったわけだけど」

WWEがWCWを買収して全米征服を実現したのが2001年のことだが、当時のWCWはNWAジム・クロケットプロが経営不振からメディア王・テッド・ターナー率いるTBSに売却され、再スタートを切ったばかり。武藤が活躍した時代は低迷期ではあったが、90年代に入るとWCWは圧倒的な資金力をバックに、一時はWWEを倒産寸前まで追い詰めるほどの勢いを見せた。WWEに引けを取らないメジャー団体だったのだ。

「力関係でWWEのほうが完全に上だったらWWEを目指そうってなるだろうけど、ひょっとしたらWCWのほうが上かもしれないくらいだったから。プロレスのクオリティはWCWのほうが高いって言われてたしね。その時点でWWEはさらに上の世界ではなかった。だから目指そうとは思わなかったんじゃないかな」

ムタを売り出す気がなかった00年のWCW

90年4月に新日本に凱旋帰国した武藤はIWGPタッグのベルト奪取を皮切りにベルトを総なめ。UWFインターナショナルとの対抗戦（95年10月9日）では大将戦で髙田延彦を破り、新日本を脅かしてきたUWFという運動体を消しさった。こうして日本でもトップの座を築いた武藤だったが、新日本が格闘技路線に迷い込んだ00年には意外な行動に出る。WCWに電撃カムバックを果たしたのだ。

「武藤敬司が新日本でトップになってからWCWに1回戻ったでしょ。その時もアトランタのアパート探しに付き合ったりしてよく会ってたんですよ。あの頃によくアトランタのキャバクラに行ってたんだよ（笑）。まあ、キャバクラの話は置いておいて、アトランタでアパートを見つけて、そのあとに奥さんと、生まれたばかりの子供も来た。ある日、武藤敬司からいきなり電話がかかってきて、『あのさ、火災報知器が鳴っちゃったんだよ！』って慌ててるんだよ（笑）。アパートで魚を焼いてたんだけど、アメリカは魚を焼く時に火が出るような焼き方はしないいんだよ。オーブンのなかで焼く程度。だから焼き魚の煙が反応して火災報知器が鳴っちゃって、その音がうるさいせいで赤ん坊が泣いてるんだよ。電話の向こうでもう大パニック。俺は『ちょっと落ち着いて。火災報知器のセンサーが天井のところにあるから、それを左回しでパコッと取れるから、中に電池があるからそれを外して。そしたら収まるから』って説明した。武藤敬司は『あー、ヤバい！　ヤバい！』って言いながら、『よちよちよち……』って声が聞こえてるわけ。子供をあやしながら火災報知器を取り外してるんだよね（笑）。

せっかくアメリカにまた来たけど、その時のWCWは雰囲気がよくなかったな。トップのビンス・ルッソーが日本人を売ろうっていう気がまったくないんだよ」

ビンス・ルッソーは90年代から00年代のアメプロで活躍したブッカーのひとりである。WWEで人気シナリオライターだった腕を買われ、WCWにヘッドハンティングされて現場の責任者を任せられたが、視聴率優先主義により暴走。自分がWCWのチャンピオンになってしまうストーリーを推し進めるなどしてWCWに大きな混乱を招いた。

「ムタのことは全然売り出す気配がなかったんだけど、そこでバンピーロが助け舟を出したんだよね。彼はカナダ人なんだけどメキシコでスーパースターになって、ブッカーとうまくやってたから、『ムタは自分にとってのヒーローだ。彼と組ませてくれ』って頼んだら話が通って、バンピーロと組み始めたらすぐにタッグチャンピオンになったんだよ。

ビンス・ルッソーがムタを評価しなかったことは人種差別とかいろいろ言われてたけど、感性が違っただけだと思うよ。たとえば、いまのプロレスファンは昔のプロレスが面白いとは思わない。そういうファンがいっぱいいるわけで、それと一緒だよ。ビンス・ルッソーは変わった考えを持ってる人だったから、プロレスに対する捉え方が他の人間とは全然違った。そんな人を団体のトップにしちゃったのも変な話なんだけどねぇ」

WRESTLE-1の勢いに危機感を持った新日本

迷走するWCWは立て直しが図れぬまま、ライバルのWWEに売却されるが、その直前に武藤はアメリカを離れて日本に帰国していた。武藤敬司は全日本プロレスに移籍して社長に就任。その後は新たに興したWRESTLE-1（以下、W-1）でも組織の長を務めた。そのW-1でジミー鈴木は武藤のプロレスビジネスをサポートすることになった。

「俺が外国人レスラーのブッキングもできるから、武藤敬司が全日本の社長の時に『仕事ちょうだいよ！』って言ったんだよ。それは武藤敬司が全日本を出てW-1をつくる寸前だよ。だけど、俺にはその新団体構想はまだ明かせない段階だったの。これからW-1の下準備をするぞっていうことでアメリカに来たんですよ。その時に『ちょっと話が。ニューヨークに遊びに来たらいいよ。メシぐらいごちそうするからさ』って言われて。それでニューアーク・リバティー空港のヒルトンホテルに俺も泊まって、ホテルでステーキを一緒に食べたのかな。武藤敬司はまだ詳しいことは言えないけど、なにか手伝ってほしいと。で、最終的に渉外面でW－1に関わるようになって、肩書をどうしようかとなった時に、俺のひとつこだわりがある名前っていうのが北米支部長というものがあって。それはどこから来てるかっていうと、新日本の北米支部長をやってた大剛鉄之助さんのギミックをもらっただけなんだよ。W－1北米支部長というのはそういうこと。W－1の外国人レスラーは全員、俺が担当したわけではないよ。船木とやったアルベルト・デル・リオ（ドス・カラス・ジュニア）はNOSAWA論外のライン。TNA（インパクト・レスリング）は俺。TNAの件は武藤敬司と一緒にアメリカに行ってジェフ・ジャレットと話をしてまとめていた。その時点でジェフはTNAの株の何パーセントかを持ってて、お父さんと二人で創業者でもあるわけじゃん。決定権があったんだよね。だから当時チャンピオンだったAJスタイルズを呼べたんだよ。TNAはテレビが中心だったから、テレビ番組としていいものをつくらなきゃいけないわけ。それがライブよりもなによりも大事だったんだけど、ジャレットはAJを日本に送り込んで試合映像を撮れないかなって言ってきた。でも、さすがにW－1はAJにそんなにギャラは払いきれないって俺が答えたら、『日本で撮った映像を全部くれるならAJはウチの経費で送るから』って提案をしてきて。だからW－1はギャラも飛行機代もなしで、AJを呼べたんだよ。それでAJはSANADAとやったわけだ」

13年に旗揚げしたW－1は早々にTNAと業務提携を発表。当時TNA王者だったAJスタイルズが来日して後楽園ホールで試合をするサプライズは、武藤と親交のあったジミー鈴木の助力があったからだった。

「それでTNAのPPVを後楽園ホール（14年10月12日）にやったじゃん。W－1が両国でビッグショーをやるっていうことでTNAの選手を大勢呼んだこともあったでしょ（14年3月2日）。あれも全部俺が絡んでたんだけど、日本でアメリカのイベントのPPVをやったのは画期的なことだと思うよ。WWEですら日本でPPVはやってないから。そんなことでW－1にメジャーなイメージがついたことで、新日本は危機感があったらしいよ。TNAを呼んでバンとやったらすごい派手じゃん。これから新日本に迫って行くぞっていう勢いがW－1にはあったから。でも、TNAとの関係は続かなかったね。そこはW－1の内部の事情なんだろうけど、お金の面でガマンできなかったのかな。もうちょっと頑張ってくれてたら、もっとW－1は上がってたと思う。だっていい感じだったもん。あと半年から1年頑張ってくれたら……。途中から外国人選手がピタッと来なくなったじゃん。だけど、そうなっても俺には給料が出てたよ。だってW－1とは年間契約してたから」

武藤敬司は"友達がい"がある男

こうして武藤と鈴木のプロレスビジネスは途切れたが、友人関係はいまでも続いている。

「武藤敬司にはいいところがあるんだよ。友達がいがある男。あまりこういうことは言われてないと思うんだけど、ひとつの例を挙げると、90年代の後半に、俺はＷＣＷと揉めたことがあったんだよ。なんで揉めたかっていうと、デニス・ロッドマンだったかシャキール・オニールだったかバスケットボール選手がＷＣＷに上がった時、その写真を『週刊プレイボーイ』に載せたんだよ。そしたら『週刊ゴング』か東スポで取材をするってことで写真を撮ってるのに、それがなんで別媒体に載ってるんだってことで問題にした人がいたの。それがサニー・オノオだったんだけど。のちに仲直りはしたけど、あの人はＷＣＷの上に食い込んでいたから、よくいじめられたんだよ。だから一時期、ＷＣＷの写真を撮るなって言われてね。上から望遠レンズで撮ってもいいけど、リングサイドはダメみたいな。出入り禁止ではなかったけど。当時武藤敬司は新日本に戻ってトップだったけど、たまにＷＣＷに特別参加していた」

90年代後半の新日本はＷＣＷと業務提携を結び、それぞれの団体の選手が日本とアメリカを往復していた。アメリカで名が通っていた武藤もムタとして度々ＷＣＷのリングに登場していた。

「マサ斎藤さんが参戦した時に、俺は武藤敬司のインタビューを取ろうとしたんだよ。そしたらマサ斎藤さんがインタビューはするなって言ってきて、武藤敬司にも俺の取材を受けるなと釘を差してね。なんでかって言うと、ＷＣＷから圧力がかかっていて、新日本としてもＷＣＷと仲違いしたくないから。マサさんは俺にそんな理由を説明したんだけど、俺は強行突破してインタビューしようとしたんだよ。その取材現場をマサさんが見ていて、『武藤、ちょっとこっち来い！』って呼び寄せて、二人が何か言い合いをしてるんですよ。その声は俺のところにも聞こえてくるものだった。俺はいまでもあの武藤敬司の声は忘れらないんだよ。『えっ、いいじゃん。友達なんだから』……武藤敬司って体育会系で来てる人だから、先輩にそういうものの言い方をする人じゃないんだよ。だけどその時に武藤敬司は先輩に歯向かった。しかもあのマサさんに対して言ってるんだから。"友達がい"があるでしょ？　だから俺はいまでも武藤敬司は友達がいのある人間だなと思ってる。アメリカにいた頃、『今日メシ食いに行こうよ！』って誘うと、武藤敬司は『なに、おごってくれるの？』って二言目には言うんだよ（笑）。そこで俺はメシをおごるわけ。それでメシを食べ終える頃に『じゃあ、これから飲みに行こう。今度は俺が持つからさ』って誘う。メシ代よりも飲み代のほうが高いんだよ。それでも『今度は俺が持つからさ』って言うのが武藤敬司なんだよ。友達としていいでしょ。話に乗っかるとちゃんと倍返しで来る。彼はプロレスラーとしても一流だけど、友達付き合いしてて気持ちがいい時間も長かったんだよ」

感動して泣いた武藤VS清宮海斗

グレート・ムタの試合を最も取材したジミー鈴木だが、引退直前にして改めて武藤敬司というプロレスラーの魅力に取り憑かれている。それはプロレスマスコミならではの意外な理由がそこにあった。

「武藤敬司がプロレスラーをやめるっていうのは全然予想がつかなかったよね。頭に浮かんでこなかった。『ついにその時が来たか』くらいの感覚で。俺はこないだ武藤敬司vs清宮海斗（22年7月16日。日本武道館）を観に行ったんだけど、ものすごく感動したのよ。ハッキリ言って何十年もプロレスを観てて、いまさら試合で感動して泣くなんて想像してなかったから。だって大抵のすごい試合を観てきてるんだもん。逆に言えば、俺はカメラを構えてリングサイドで撮ってるから、レンズを通してると感動してたら写真なんか撮れない。冷静になってなきゃいけないから、いかにいい画(え)を押さえるかっていう瞬間しか観てないから。だからカメラを通さない武藤敬司がものすごく新鮮に見えたこともあるだろうね。

武藤敬司vs清宮海斗にめっちゃ感動して、俺はフェイスブックに感想を書いたのかな。『あの試合を観たら頭の中が真っ白になって、他の試合を観る気分になれなくてその場で帰った』って。そしたらそれを読んだ永田裕志選手が怒っちゃってさ（笑）。そのあと小島聡選手とのタイトルマッチがあったから『そんなことをSNSで書く必要はないじゃないですか』って永田選手がコメントを書いてきて、『いや、自分の正直な気持ちを書いただけだ』って返したら、『そんなことをSNSで撒(ま)き散らすのは老害以外のなにものでもありません』と。俺は『老害で結構。そう思うんだったら老害だと思ってください』って返してやったんだよ。そしたら、『もう話になりません！』って永田がブチ切れて（笑）。

でも、武藤敬司の試合でその日は観るのをやめておいたほうがこの感動は残るなと思ったわけ。

あれは彼のベストバウトだったんじゃないかって思うくらい俺は感動したんだよ。侘び寂びがあるプロレスだったんだよ。本当にすごかったなあ……」

ジミー鈴木が85年にフロリダで武藤と出会ってから、22年の清宮戦まで37年の時が刻まれていた。カメラレンズ越しではなく、肉眼で見届けた武藤敬司60歳のプロレスは、長い付き合いのあるジミー鈴木の涙腺を緩ませるほど十全なものに仕上がっていた。

「ダラス時代は発展途上だったたって言ったでしょ。あれからいろんな経験を重ねてさ、完成したんだろうね。フィジカルやコンディションを考えたら昔のほうが圧倒的にいいわけじゃん。でも、それだけではいいものが出せないのがプロレスってことだよね。いまのコンディション、いまの自分に与えられた体でなにができるかって頭をひねったら、ああいう答えになったんだと思うよ。あの武藤敬司の試合は芸術作品そのものだったよ。武藤敬司は最高の解答を出して、リングを降りるってことだとね。引退試合ももちろん、観ますよ」

髙田戦の価値を計算した武藤の「俺がやる!」

1995年10月9日、武藤敬司
vs髙田信彦戦(東京ドーム)

証言 永島勝司

PROFILE

永島勝司　ながしま・かつじ●1943年、島根県生まれ。専修大卒業後、東京スポーツ新聞社を経て、アントニオ猪木の誘いで、88年に新日本プロレスリング入社。プロデューサーとしてUWFインターナショナルや全日本プロレスとの対抗戦など、数々のヒット興行を手掛け、「平成の仕掛け人」と呼ばれる。取締役を務めたのち、2002年に退社、長州力とともにWJプロレスを旗揚げするも、経営悪化で04年に崩壊。内外タイムス編集局長などを経て、現在『バトル・ニュース』編集長。YouTubeで「永島オヤジの格闘チャンネル」配信中。

取材・文●早川満

武藤敬司が新日本プロレスに入団したのは1984年。その頃の永島勝司は東京スポーツの新日本担当記者として日々取材にあたっていた。

「敬司の入団した時の評判はどうだったかなあ。俺ももう80歳になるからさあ。いろいろと思い出せなくなってきていることが増えてるんだよ。ただ、敬司は体が大きかったし顔もよかったから、エリートとして見られていたことは覚えている。

『闘魂三銃士』という呼び名は猪木と俺でつけたんだけど、蝶野正洋、橋本真也と武藤敬司の3人のなかで、敬司だけはちょっと違うんだ。性格的に敬司はどこかマイペースだし、おそらくアメリカでムタとして成功した敬司は蝶野や橋本と違って、猪木のことをあんまり意識していなかったはずだよ。アメリカのプロレスがしみ込んでいた。

敬司は麻雀をやるから、そこで坂さん（坂口征二）と関係がよかった。巡業中はもちろん、坂さんの自宅にまで行って麻雀をするバリバリの〝坂口派〟。だから〝猪木派〟の俺は、敬司と一緒にゴルフにも行ったこともなかったはずだよ。猪木や俺のラインとは違ってたんだ。

それもあって若手の頃の敬司の印象ってそんなにないんだよなあ。三銃士のなかでも俺がかわいがっていたのは橋本で、敬司とはあんまり深い付き合いがない。ヤンチャで馬鹿をやっていたっていう印象もほとんどないなあ。だからいまになって、新日本で付き合いの浅かった長州と敬司が一緒にテレビに出てバラエティなんかやってるのを見ると不思議に感じるよ」

長州は坂口のパートナーとして北米タッグ王者にもなったが、基本的に〝猪木派〟というのが永島の認識だ。ジャパンプロレス、ＷＪでは新日本を裏切る形になったものの、根っこのところでは長州と猪木は通じ合っていたのだ。一方で長州と坂口の関係は、長州が新日本の現場監督を務めていた時期などはとくに、それぞれの方向性の違いから互いに距離を取っていたという。

新日本内で〝独立〟していた武藤

永島は１９８８年に新日本入社すると、企画宣伝や渉外を担当することになり、マッチメイクにも関わるようになっていった。

「俺の新日本入社の前年の話なんだけど、武藤絡みの話で思い出深いのは、猪木のフロリダ遠征（１９８７年初頭）について行った時に、試合会場で敬司を海賊男に襲わせたことがあった。発端は、その時の宿泊先のホテルで突然、猪木が『カリブ海といえば海賊だろう』と言い出したこと。海賊男になったのは誰だっけ？　たしか北海道出身のヤツだったんだよなあ（当時の新日本所属の北海道出身選手だと飯塚高史）。だけど別に海賊男と敬司を抗争させようという意図でつくったアングルじゃない。猪木に対抗するような敵役を新たにつくろうということだった。敬司は巻き込まれただけ。まあそもそも猪木が思いつきで言ったことでしっかりとプランがあったわけでもない。だから、帰国後にやった海賊男を使ったアングルは、結局はどれも散々な失敗になっちゃったけどさ。

海賊男は猪木のアイディアだけど、俺のマッチメイクにおいての考えの基本には『マスコミが予想できるカードや試合内容はダメで、それをひっくり返すのが面白い』というのがあった。海賊男は誰も予想できない失敗作(笑)。

ただ、当時の敬司はそういうサプライズ的な考えに関心がなかった。どんな試合を組んでも自分なりにうまくこなしていくことができるからな。だからマッチメイカーの俺としては『出来の悪い子ほどかわいい』ってことで、自然と橋本のほうに目が向いていた。

マッチメイクの組み立てとして、ヘビーなら長州、ジュニアなら(獣神サンダー・)ライガーの意見を尊重しながら、まず『猪木をどうするか』というのがあって、次が橋本。それから(佐々木)健介。その後に蝶野、武藤という順番でどうしていくかを考える。

これは橋本、健介、蝶野のほうが武藤よりも格上だとかいう話じゃないよ。橋本が顕著なんだけど、こっちでいろいろとアングルを考えてやらないと、自分ではうまくやっていけない。だけど武藤はこっちが無理にアングルなどを捻り出さなくても、『次はあそこの会場であの選手との試合だよ』と伝えるだけで、ちゃんとお客さんが満足するだけのことをやってくれる。そういう安心感があったのは確かだよ。まあ、若い頃から自己プロデュースに長けていた印象はあるな。

敬司はやっぱり天才だからね。あの当時、猪木なんかも言っていたけど、あいつのプロレスは新日本のストロングスタイルとは違っていて、完全なアメリカプロレスだった。そこを敬司は徹底してやっているから、こっちでなにかを言ったところで変わらないんだ。

こっちが頼んだことは自分なりのやり方でしっかりとこなしてくれるけど、完全には思いどおりにもならない。そういう自営業者的な感覚があったというか、敬司は新日本にいた時からずっと独立していた。猪木のやっているプロレスと武藤やムタは全然違うから、猪木としても『好きなようにやらせればいい』というのが本音だったよ。

ジャイアント馬場の全日本プロレスがアメリカンプロレスだと言われるけど、あれはアメリカの大物レスラーを来日させたというだけで、スタイルとしては馬場のプロレスだった。本当の意味でのアメリカンスタイルを最初に日本へ持ち帰ったのは武藤だよ。

ムタにしても、あいつがアメリカ遠征の時に苦労して考え出したものであって、決して（ザ・グレート）カブキの姿形だけを真似しただけのものじゃない。

アメリカでスターになった日本人選手は他にもいるけど、長い間ずっと人気を保っているのがムタのスゴイところで、これはＷＷＥの中邑真輔にも言えることなんだけど、本当の実力がなければそういうことにはならないよな」

武藤VS髙田戦の将来的な価値まで計算

武藤敬司には〝武藤〟と〝ムタ〟の2つの顔があったから、マッチメイカーの永島としては使いやすかった。マッチメイカーが使いやすいということは、それだけ売り出すチャンスが多いということでもあった。

「『新日本の看板である武藤敬司に変な試合はやらせられない』というのはあったけど、その一方で『ムタなら毒霧を吐いて反則でぐちゃぐちゃになっても問題ない』ということができたからね。ただし、いくら使い勝手がいいからといって、やたらにムタで試合してくれと言うと『ここは違うだろう』というような主張が敬司にはあった。『ここでムタを乱発したら安売りになって、ムタの価値が下がる』という、そんな計算が敬司のなかにはしっかりあった。そういう面でもやっぱり敬司は、他のレスラーたちとは頭の回転、考え方が違っていた」

永島の仕掛けた武藤、ムタのビッグマッチとしては、グレート・ムタvsザ・グレート・カブキ（93年5月25日、WAR日本武道館大会）、ムタvs猪木（94年5月1日、福岡ドーム）、武藤vs髙田延彦（95年10月9日、東京ドーム）、ムタvsグレート・ニタ（99年8月28日、神宮球場）、武藤vsペドロ・オタービオ（96年9月23日、横浜アリーナ）などが挙げられる。

「マッチメイクまでが俺の仕事で、試合自体はほとんど見ていなかったりするんだよな。ムタvsカブキの親子対決は、試合後に敬司が不服そうだったような覚えはある。

ムタvs猪木戦は引退カウントダウンってことで組んだ試合だけど、試合後は猪木がやたら不機嫌だった。本人は絶対にそういうことは言わないけど、きっとムタに好きなようにやられたことが気に入らなかったんだろう。しかし、猪木相手に自分のペースでやれる敬司もずいぶんと肝が据わってるよ。神宮のニタ戦については大仁田をどうやって使っていくかってことで組んだ試合だから、ムタがどうこうということじゃない。だけどこれもまあ、あまりいい評判は聞かなかったな。

敬司の新日本時代で最高の試合といえば、やっぱり髙田戦だろう。UWFインターナショナルとの全面対抗戦ってことだったけど、武藤vs髙田というカードについては完全に新日本側が決めた話で、敬司が自分から『俺がやる！』って言ったんだ。この試合がどのくらい話題になって、将来的に自分にとってどのくらい価値になるかっていう計算が敬司の頭の中にはあった。俺としては橋本とかマサ斎藤も候補の一人には考えていたんだけどね。まあ、Uインターはカードについてはなにも言わなかった。そもそも武藤vs髙田の10・9が実現したのは、当時のUインターの代表で、いまは市屋苑（いちおくえん）って焼き鳥屋をやってる鈴木健が俺に『若手の交流戦をやりたい』と言ってきたから、『若手だけじゃあ面白くねえ。全面対抗戦をやろうや』と言ったのがきっかけ。それで全日空ホテルだったかな、俺と鈴木健との話し合いの席に髙田も来て『アタマ同士でやろうや』ということで武藤vs髙田戦が決まったんだ。話題づくりのために新日本が費用を出して、武藤戦へ向けてのキャンプということで髙田をどこかへ行かせたりもしたはずだよ。

カードが決まってから、髙田は深刻な様子で考え込んでいたけど、敬司にそんな感じはなかった。『オヤジ、結果はどうすんだよ』なんて軽い調子だったのを覚えているよ。

だけど武藤なら間違いなくいい試合にしてくれるだろうと信じていたから、リング上については全部二人にお任せだった。その結果として、日本プロレス史上に残る名勝負になったんじゃないか？　最後が足4の字固めっていう古典的なプロレス技だったのが敬司らしくてよかったと思うよ。それが武藤敬司のプロレスであって、誰とやっても大丈夫という自信もあったんだろう。

実はこの時にUインターと対抗戦をやることにいちばん反対したのは猪木だったんだ。同じ年の7月の参院選に髙田が出馬していたから『なんでライバルのとこと対抗戦をやらなきゃいけねえんだ』って言ってたよ」

オタービオ戦は武藤〝最大の汚点〟

こうして武藤は10・9の髙田戦で名実ともに新日本のエースとなり、誰もが認める日本最高峰のプロレスラーになった。しかし、永島が深く信頼し、幾度もビッグマッチを託してきた武藤にも汚点があるという。

「敬司は基本的になんでもうまくこなしたけど、オタービオ戦だけはダメだった。格闘技戦ってことでやらせたものの、あれは武藤と俺の大失敗。いくつもマッチメイクをしてきたなかで最大の失敗作だよ。敬司にしてもまったくやる気がなかったからなあ。『総合格闘技の試合で北尾（光司）に勝ったオタービオっていう選手が使える』という話が入ってきたから、ちょっと面白いことになるんじゃないかとやらせたんだけど、まったくダメだったね。

このオタービオ戦の時も、とくにこっちから敬司になにか指示することはなくって、試合は全部任せていたんだけど、きっと格闘技用の練習なんてひとつもやってなかったじゃないかな。『武藤のパンチがオタービオに全然当たっていない』なんて言われたりして評判は最低だった。敬司も器用なように見えて、自分のスタイルと違ったことはできないんだな。結局、敬司にとって最初で最後の格闘技戦が最大の汚点になったんだ」

永島が手掛けるタイトルマッチや特別試合といったビッグマッチを除いた、nwoなどでの活動やアングルについては、すべて武藤の自主性に任せていたという。WCWなど海外での活動も基本的には武藤の望むとおりにさせてたというから、新日本の選手のなかでは、かなりの特別待遇だった。

「新日本のファンとは別に敬司個人のファンがついていたから、団体として敬司をなんとかしなきゃいけないということでもなかったんだよ。

ギャラの査定なんかでも、俺はマッチメイカーとして橋本とか馳（浩）、ライガーというような、どんなマッチメイクでも嫌がらない選手をギャラアップしてくれるよう倍賞鉄夫（当時は新日本の役員でのちに猪木事務所社長）に頼んでいたんだけど、そこでも武藤についてはなにも言っていない。俺がなにも言わなくったって会社からしっかり評価されていて、ギャラのランクでも武藤がいちばん上だったから、わざわざ俺が『年俸を上げてやれ』と伝える必要がなかったんだ。あの頃のビッグマッチは、なにかとゴタゴタがあったけど、それでも最後は敬司がきっちりと興行全体を締めてくれるという安心感はたしかにあった。

だけど、俺の実感でいうと、興行自体の客入りは橋本と武藤では、橋本が王者の時のほうがよかったと思う。長州や俺が、橋本や健介にかかりきりになっていた時に、敬司や蝶野は勝手にnWoなんかをやっていた。この二人は自分で考えてやらせて、放っておいても変なことにはならないだろうし、勝手に腐っていくようなこともないからね。

ムタは典型的なアメリカンプロレスのキャラクターで客ウケはよかったけど、俺個人としては、たまに目先を変えるぐらいの感覚で起用していた。マッチメイカー的に、ムタは負けたことで価値が下がるようなもんでもなかったから、そういう算段は当然あったよ。

あと敬司がアメリカで成功したことは、会社にとって大きな利益にもなった。エリック・ビショフ（当時はWCWのプロモーターで、WCW崩壊後はWWEのGMなどを務める）がムタのことを気に入って親しくしていたから、それで新日に対してもいろいろと便宜を図ってくれたんだ。北朝鮮にモハメド・アリを連れて行こうという時、コロラド州のデンバーでアリと会う際にもビショフが来て話をつないでくれた。こんなふうにビショフが新日本に協力的だったのは、やっぱりムタと、あとマサ斎藤のおかげだよ。

その意味でも敬司は会社に大きな貢献をしてくれた。そういう影の影響力は大きくて、いまの新日本がアメリカで大会を開いたりしているのも、そのベースのところにはムタが築いてきた土台がある」

永島抜きで話がついていた武藤の社長就任

00年に新日本と全日本の対抗戦が始まった当初、武藤はアメリカに遠征しており、対抗戦参戦は01年1月28日の武藤vs太陽ケア（全日本・東京ドーム大会）からだった。同年6月8日の全日本・武道館大会では王者の天龍源一郎を破って、新日本の選手としては初の三冠王者となった。

「最初に敬司を全日本に上げたのは、馬場元子さんからのリクエストだった。三冠ベルトを獲らせた時には、敬司自身が『えーっ！』って驚いていたよ。そのあと俺が元子さんと会った時にも『すごいことやるねえ』『アンタなに考えてるの？』と言ってた。元子さんは怒っていたわけじゃなくて、呆れていたよ。猪木が全日本との交流を嫌がっているなかで、敬司に馬場さんゆかりのベルトを獲らせるなんて、よくもそんな非常識なことができたなあっていうことでね。

予想外だったのは、敬司が三冠を獲ってからガラッと変わってきたことだった。一選手というだけじゃなくて、元子さんから社長の話をされて、周りからは株式上場なんかの話を聞かされているうちに、経営者とかビジネスマン的な感覚がついていったように見えた。

そうしたらなにかの拍子で敬司が全日本へ行くことになったんだ。最初、元子さんからは俺にも『社長をやれ』と言われていて、いまだから言うけど俺だって色気はあったんだ。猪木にも相談して『面白いじゃないか』『なにかアングルに使おうや』なんて言われて、『ぜひその話は受けろ』みたいな話になっていた。

だけどその時にはもう、裏で敬司の社長就任の話がついていたんだろうな。元子さんは俺だけじゃなく、敬司や他のいろんなところにも『社長の座を譲る』という話をしていたようだし。

それで正式な移籍の発表がある前に、元子さんから決定事項として『武藤に社長の座を譲る』と言われて、俺がいちばん驚いたよ。『話がおかしいじゃないか』と元子さんに問い詰めたら『心配しなくても永島さんの席は空けてあるわよ』とかなんとか言っていたけど、俺にだってメンツがあるじゃないか。

馳が元子さんと敬司の間をつないだっていう話もあるみたいだけど、おそらくこの件は元子さんと敬司の直接の話だったんじゃないかな。馳は石澤（常光＝ケンドー・カシン）を引っ張っていったぐらいじゃないか。あとフロントの何人かの移籍にも馳は絡んでいたかもしれない。

俺が新日本を辞めたことの原因のひとつに、敬司の移籍というのはたしかにあった。この時に、『（武藤移籍は）永島のせいだ』といちばんうるさく言っていたのは上井文彦（当時の新日本の営業部長）だったと聞いている。そういう経営の会議には俺はタッチしていなかったから伝聞だったけど、『疑われているならこっちから辞めてやる』ということで新日本を辞めることになった。さっき説明したけど、敬司の移籍と俺はまったく関係なかった。なんで新日本を辞めるなんてことになったのか、いまでも俺のほうが逆に敬司に聞きたいぐらいだよ」

引退後はプロレス界のフィクサーに

初めて会ってから40年近くが経った。そんな武藤の引退を永島はどのように感じているのか。

「感想は『遅すぎる』だよ。三銃士のなかじゃあ最後だろう（蝶野は17年に休業宣言して実質的には引退状態）。敬司ももう60歳になったんじゃないか？　その年齢でレジェンド扱いじゃなくて現役のトップってことでやっていくのは大変だよ。そういえば新日本を離れてからの敬司の試合っていうのは、見てねえなあ。

俺がWJで失敗した時に、敬司のほうから連絡してきて、どこかのホテルで『いま会社がどういう状況になっているのかを教えてよ』と聞かれたことがある。WJの選手を全日本に呼びたいとかそういうことじゃなくて『なにが原因で団体がダメになったのか』というような完全な経営者目線。そういうところが面白いよな。

3年ぐらい前に『俺のユーチューブに出てくれよ』って電話したことがあって、それが敬司と話した最後かな。そしたら『マネジャーに電話してくれ』とかなんとか言われて、だけどコロナで人が呼べなくなってユーチューブは止めたんだ。コロナがなければ出てくれていたと思うけどね。

でも、あのぐらいの年齢の選手だと、秋山準なんかはノアへ行ったり全日本へ戻ったりDDTへ行ったりとか苦労しているけど、武藤はそういうのがないよなあ。新日本を辞めてからはずっとトップでやってきたわけだろ？　世渡りが巧いというよりも、そもそもの考え方が他のレスラーたちとは違うんだよ。プロレスというものに対する考え方も違うし、団体をどうやって仕切っていくか、リーダーシップの取り方ということでも感覚が違っている。新日本の社長になることも目論んでいたんだろうな。猪木とはまったく性格が合わなかっただろうけどね。

引退後の敬司はプロレス界のフィクサーみたいな存在になるんじゃないかと俺は睨んでいる。その可能性はあると思うよ。蝶野なんかと話しても、どこか敬司を別格のスターとして扱っている感じがある。生前の橋本にもそういう感じはあったよ。そこはやっぱり敬司の持っている独自のキャラクターによるものなんだろう。レスラーとしても経営者としても、本当にたいしたもんだよ。

一回、藤原（喜明）とトークショーで対談している時に、『おい、武藤に電話してみようよ』と言って電話したことがあったんだ。電話には出たんだけど何を話したかは覚えてないなあ。でもそんな突然の電話でもちゃんと出るんだから、マイペースには見えるけど根っこのところは律儀でマジメな男なんだよ。全日本移籍の件はともかくとして、他の部分では裏切ることもしない男だったから、橋本なんかよりも遥かに根は真面目だよ。いろいろなことにもちゃんとしているし。

引退戦については、もう年齢も年齢だけに動きは厳しいんだろう。だけどそれはカンピオン（藤波辰爾）が元気すぎるんだよ。70歳手前でもまだピンピンしてるっていうんだから（笑）。

敬司の引退試合は見に行くか？　俺は行かねえなぁ。あ、でも長州が復帰して敬司とやるんなら、猪木への冥土の土産に見に行くよ」

1995年8月15日、武藤vs橋本戦（両国国技館）

1999年8月28日、グレート・ムタvsグレート・ニタ戦（神宮球場）

ムタvsニタは〝世紀の凡戦〟だった

証言 大仁田厚

PROFILE

大仁田厚 おおにた・あつし●1957年、長崎県生まれ。73年、全日本プロレスに入団するもケガで85年に引退。89年にFMWを旗揚げしデスマッチ路線で大ブレイク。「涙のカリスマ」と称される。95年、弟子のハヤブサと川崎球場で闘い2度目の引退。その後、復帰、引退を繰り返す。99年1月4日、新日本プロレス初参戦。2000年7月には長州力との電流爆破マッチを実現させた。17年10月、通算7度目の引退試合。18年10月28日、7度目の復帰。19年、両ヒザの人工関節置換術を受けた。

取材・文●早川満

「武藤敬司はある意味でジャイアント馬場やアントニオ猪木にも並ぶプロレスの天才だと思っていますよ。そんな武藤さんがプロレス界からいなくなるというのは寂しいかぎりです。それが本音ですね。

俺らのようなインディーから見れば、武藤敬司というものにしても、グレート・ムタにしても、それぞれプロレス界に貢献したものは大きいと思うし、すごくうらやましいところもたくさんあった。プロレスにおいては、団体がつくり上げたものだけじゃなくて、個人の技量による自己プロデュースも必要だと思うんですよ。たとえばジャンボ鶴田さんみたいに『アメリカ修行で4種類のスープレックスをマスターした』とかいって国内デビューをするのって、鶴田さん自身がすごいのもあるけれど、やっぱり団体によるイメージ戦略だったりするわけじゃないですか。だけど武藤さんは、団体が闘魂三銃士とかなんとかいっても、ある意味それとは関係なく自分らしさを出していく。そういった自己プロデュースの部分をやり出したのが武藤さんなんだよ。

俺らの時代なんて、たとえば新日本プロレスなら『この技は俺の技だから使うなよ』とか『先輩の使った技は使っちゃいけないよ』という暗黙のルールがあったわけですよ。前座で使う技もかぎられていた。だけどいまはそういう決まり事から解き放たれて、もうなんでもかんでもやるじゃないですか。最近のレスラーも自分を演出するみたいなところが出てきて、そうやって自分をいかに売るかという自己プロデュースをやり始めたのが武藤さんだったと思いますよ」

ニタとムタが戦うなんて全然思ってなかった

大仁田厚がFMWを旗揚げしたのは1989年。武藤は1988年7月に闘魂三銃士を結成し、その翌年にはアメリカでグレート・ムタとして大ブレークを果たした。そして大仁田は1990年のアメリカ遠征時に「愚礼吐似多（グレート・ニタ）」としてリングに上がっている。

「FMWを旗揚げした頃は自分たちのことだけで精一杯だったからあんまり他所の選手のことは意識していなかったけど、ある程度成功してきて業界を見渡した時に新日本のなかの武藤敬司というのは全然違いましたねえ。存在が際立っていた。

グレート・ムタのことはすぐにパクりました。俺、パクるの好きですから。それで批判されることも人気のうちだと思っている。目立っているから批判もされるんだから。だけどパクりと言ったらムタの原型というのはカブキさん（ザ・グレート・カブキ）なわけだからね。カブキさんがいなかったらムタも存在しなかったし、ムタがいなければニタも存在しなかった。

ニタはプロモーターに頼まれたとかではなくて、あくまでも自分からやったことです。ムタの写真を見ながら自分なりにペイントして、コスチュームも考えて。プロレスというのはある種のエンターテインメントだから、いろんな要素があっていいと思っているんですよ。ファンが怒ったっていいじゃないですか。それを言ったら映画だって似たようなジャンルの作品がたくさんあるわけだから。

ニタはパクリの極みで、手応えとしては『そこそこ』でしたね。その時に俺が『グレート・ムタだ』と言ったら、さすがに著作権なんかに引っ掛かるだろうけど、グレート・ニタだって言ってるんだから俺に言わせれば別ものなんですよ。

なんでムタをやりたかったかといえば、ペイントをやりたかったし、毒霧を吐いてみたかった。口からものを吐き出して相手を苦しめるようなものって、真似してみたいと思いませんか？ 俺は真似ごとはうまかったから、最初から毒霧もできましたね。あれは一瞬の力でブワッと散らばるように吐かなきゃいけないんですよ。まあ俺はその前から、リング上で水を噴き上げるパフォーマンスもやってたしね。くるくる回ったり『ウギャー』とか奇声を発したりしたのは、ちょっとムタとは違ったことしなきゃいけないかなと思って、自分ながらのニタづくりというのをやった結果のことです。

94年にいったんニタを封印したのは、まあムタのほうがすごいのは仕方がないというのは最初から思っていたことだったから、ニタはそろそろ引退させようかって。このまま続けたってニタがムタを超えることはねえなと思っていたんで。だからこの時は、ニタとムタがいつか戦うことになるなんて全然思ってもいなかった」

ノーロープ有刺鉄線電流地雷爆破ダブルヘルデスマッチ

しかしその後、大仁田が新日本に参戦したことから、1999年8月28日、明治神宮野球場でグレート・ムタvsグレート・ニタのノーロープ有刺鉄線電流地雷爆破ダブルヘルデスマッチが行われた。

「あれは新日本側からの話だよ。俺のマネジャーが永島（勝司）さんと話をして決めた試合だけど、世紀の凡戦だったと思っている。とにかく地雷がショボかったからね。爆発自体が地味だったし、そんなに危険ということもなかった。屋外だったから迫力が伝わりづらかったとかそういうことでもなく、火薬の量とか、地雷自体のつくりが甘かった。

地雷マッチはその前に（ミスター）ポーゴとやったことがあったけど、その時よりもショボかった。地雷をつくった職人は同じ人だったんだけど、まあ消防法の問題もあるから、そのあたりで新日本側が加減をしたのかもしれない。

2021年の大晦日には日本武道館で行われたももクロ（ももいろクローバーZ）の『ももいろ歌合戦』で電流爆破をやったけど（vs青木真也、『ノーロープ電流爆破負けたら即引退!?デスマッチ』）、その時も許可申請が大変で、防炎シートを敷いたりしてなんとかできたことはできたけど、かなり制限がつけられた。だからムタ戦の時も球場でやるとなるといろいろと制限もあったんじゃないですか。

いまの地雷はあれからかなり進化していて、本当に死ぬんじゃないかなと思うぐらい危険なものになってますよ。まともに落ちたら大やけどをすることもあるし、コスチュームには確実に穴が開く。お客さんに対しては安全になっているけど、やってる選手は大変ですよ。タイミング悪く爆発する場所の上に落ちれば1000℃ぐらいになることもあるんだから。ムタ戦当時の爆発とはまったく違いますよ。

ムタ戦のあとも何度かニタは復活しているけど、あれは別キャラ。ちょっとニュアンスが難しいんだけど、グレート・ニタというのは俺じゃあないんですよ。客観的にみたら俺一人がやってることなんだけど、リングに上がる時は別人格。だからアイツがカムバックをしようとなにをしようと俺の知ったこっちゃない。

だけど武藤さんはそういうところがマジメなのか、グレート・ムタも引退（23年1月22日）するって言ってるんだよね？　それはやっぱり『休んで治るもんじゃない』と悟ったんじゃないかな。WRESTLE‐1の時も一時期ずっと休んでいて、試合に出なかったでしょう。19年頃、俺がWRESTLE‐1に参戦した時には武藤戦をぶち上げたけど、あれだってWRESTLE‐1の象徴は武藤さんだから対戦要求しなきゃしょうがないっていうだけで、具体的にはなにもなかった。そうやって1年ぐらい休んでみて、やっぱりもう試合はできないなあって、その頃から感じてたんじゃないですか」

「ヒザに人工関節をつけている」という共通点

武藤と大仁田には「ヒザに人工関節をつけている」という共通点がある。人工関節は壊れたらそれで終わり。新しく付け替えることも難しいという。日常生活で散歩をする程度ならそのままで大丈夫の場合もあるが、人工関節をつける側の骨が壊れてしまえば、付け直しが利かないというリスクがある。

「手術が終わったあと、主治医の先生が言ってたんだけど、ヒザの皿を外して骨を切って、金具をくっつけるためにジョイントをつける部分の骨に穴をあけているわけです。だから金具をつないでいる骨のほうが破壊されると、付け根のところのネジ穴みたいなものが壊れちゃって、そうするともう新しい金具がつけられない。

人工関節が経年劣化しただけなら同じ骨の穴を使って金具を取り替えることはできるけど、骨のほうが壊れたらダメ。だけどレスラーなんて職業は、いつなにが起こるかわからないじゃない。ガシャーンとヒザからリングに当たったりして骨ごと壊れたら、もう一生歩けなくなると主治医から言われましたよ。本当に人生が懸かってる。

武藤さんも、ものすごくヒザが痛くて両ヒザを人工関節に替えたんだと思うけど、俺の経験でいえば、人工関節を入れてからはたしかに前ほどヒザの痛みはなくなった。

だけどちょっと前に、まだヒザに残っている靭帯が試合中に非常に痛くなって、一瞬動けない状態でやったんだけど、本当にたまらんかったですねえ。

武藤さんが引退理由で股関節の痛みと言っているなら、俺よりも症状は悪いんだなあ。俺の場合、股関節はたまーにちょっと痛いなと思うけど、そんなには深刻な状態にはなっていないからね。股関節にきたということは、次は腰にくる。人工関節のこととは別に、プロレスをやめたあとに体を動かさなくなってから腰を悪くする選手も多いんですよ。いまはまだ、たまに試合をしているからいいけど、引退したあとでも、ある程度の運動をやっていないと大変なんじゃないですか。とくに武藤さんの場合は体も大きいから。

この前たまたま蝶野正洋選手と会ったんですけど、彼もやっぱり腰が痛いといって、他にも長州力さんとか、他にも誰かが腰が悪いんだって言ってたなあ。まあみんな何十年もプロレスラーをやっていて、それで受け身というものが体にいいか悪いかと言ったらさあ、やっぱりいいわけがないからね。

武藤さんは、引退試合でムーンサルトプレスをやるんですかねえ。武藤さんの主治医の先生はムーンサルトなんて見たらもう真っ青だよ。だけど武藤さんは、ファンが『もうムーンサルトはやらなくていい』とか言って心配してくれるからいいよな。俺なんて敗血症になっても電流爆破をやらなきゃ納得してくれない（1993年2月、鹿児島での試合後に意識不明となった大仁田は、緊急搬送された病院で20日間の入院生活を送っている）。

敗血症って、渡辺徹さんもそれが原因で亡くなったように大変な病気なんだよ。俺も死にかけて、扁桃炎から気管切開までしたんだけど、それが東京スポーツの一面に書かれたら『ホントですか?』って言われちゃう(笑)。まだその頃は若くて元気だったから助かったけど、本当に何割かの確率で死ぬって言われてたからね。50度近い発熱があって、呼吸だけできるようにして氷漬けにされて、最後に打った抗生剤が効かなかったらご臨終ですねってところまでいったんだから。

それでも俺は誰からも心配されない。まあでも俺のことは心配しなくていいし、武藤さんが無事に現役生活をまっとうできることを願ってますよ。長州みたいな嫌いな選手もいますけど、それでも全レスラーに対して体が悪くなってほしいとか死んでほしいとか、そういうことはいっさい思いませんから。やっぱり同じプロレス業界のなかの人間だから、引退後もずっと元気でいてもらいたいですよ」

俺ならムタで復活する

引退、復帰を繰り返し続ける大仁田。そんな〝引退のプロ〟大仁田らしい言葉を、最後に武藤に送った。

「俺が言うのもなんだけど(笑)、引退後にリングが恋しくなるというのはたしかにあるだろうな。ただ武藤さんにかぎって復帰はないと思いますよ。WRESTLE-1の時には1年ぐらい出なかったわけだし、もう引退の心構えはとっくにできているでしょう。

　俺の場合だとそうはいかない。俺は未練たらしいんですよ。そういったところが情けなくって、大仁田厚のいいところでもあり、最大の悪いところだから。まあでも他人のビジネスのことをとやかく言ってもしょうがないんだけど、俺ならムタで復活するかなあ。

　だけど武藤さんはアタマのいい人だから、俺の勝手な想像だけど、引退までの道筋をしっかりと考えてたようにも見えますよね。ＡＢＥＭＡという資金力のあるノアとくっついて、それでＷＲＥＳＴＬＥ－１もやめたんでしょう。そういうのも引退ロードを逆算してやったことじゃないかな。うまくやったよね。

　それでも正直なところを言えば、やっぱりどこか寂しいですね。だんだんレジェンドと言われる人がいなくなっていって、俺は武藤さんのプロデュースする「プロレスリング・マスターズ」の大会にも呼ばれたことないし。もしも呼ばれた時には、ちゃんとギャラをくれるなら行きますよ。対戦相手にもよりますけどね。出て行っただけでもある程度は盛り上がるだろうけど、やっぱりレスラーとしていい試合をしたいというのはありますから。

　それでも今後は武藤さんがよほどカネに困るようなことでもないかぎり、俺とはもう絡むこともないんだろうなあ。投資に失敗するとかすれば俺にお呼びがかかることはあるかもしれないけど、アタマのいい人だからそういうこともないんじゃないかな。引退する人に向けての最後の言葉にしては、なんだかなーって感じだけど、それも俺らしくていいのかもな」

レスラー、
関係者を、
徹・底・取・材
新日本プロレス
熊本旅館
破壊事件の真実
1987年1月23日に起こった、その惨劇！
昭和新日本のトンパチ伝説を漫画で初再現
漫画●原田久仁信
原作●伊吹てつあき

1986年10・9
両国大会　UWFの
前田日明は、キックの
ドン・中矢・ニールセンを
破り新格闘王となった

同じころ
新日本プロレスの新人
武藤敬司も
アメリカ修行から帰国
新日本プロレスは
前田率いるUWFと
業務提携を続けていたが……

スタイルの異なる
両団体は
試合中だけでなく
日常的にも
揉めごとが絶えない
関係になっていた
あまりにも
プロレス観の違う
前田と武藤も
お互いに
違和感を覚えながら
闘っていた

事件は
そんな時に起こった
新日本プロレスは
水俣市体育館大会後
熊本県下有数の温泉郷
湯の鶴温泉の旅館に
宿泊することになっていた

おい！
今日は
UWFの
連中と一緒に
飲むからな！

エーーッ
ヤツらと
飲むのかよォ
連中とは
ソリが
合わねえ
からな～

文句言ってんじゃ
ねぇ
これは俺の
命令だッ！
酒を飲みかわし
日頃のうっぷん
お互いの気持ちを
吐き出せ！

よっしゃーー
UWFでも
なんでも来いッ
今夜は浴びるほど
飲むぞーーっ！
ビールだ
ビール
熊本といえば
球磨焼酎
だろッ！

とにかく
宿に着いたら
とっとと
風呂入って
最上階の
宴会場に
集合～ッ！

は～～い！

一方、UWFの
藤原喜明は
一足先に旅館で
猪木に頼まれた
藤原の
絶品料理
ワカメスープを
つくっていた

これをつくる時は
新日本時代から
しこたま
飲んでいいという
お墨付きの
ものだ
これが・イ・ケ・なかった！

熊本観光旅館
お帰んなっせ！

カコーーーーン

後輩なんだから
おめえらが
愛想よく
声かけてくんのが
スジだろが
……

別に仲良く
したって
しょうがないっしょ
……

え～～
今日は
両団体のォ
垣根を越え
………
無礼講で
食って飲んで
忌憚なく……
ダラ
ダラ
そして
……
チャンチャン
ドンドン
熊本観光旅館

乾杯ッ！

わああ
全日本なら
やらねえぞ
……
馬場さんに
怒られるぞ
バカヤロー

またバカが
はじまった
逃げろッ！

そりゃあ
UFOッ！

ガハハハ
カンジ〜〜
止めろッ〜！
セイジ〜〜
止めるな
〜〜ッ！
や……やめて
後生
だから……
アッチョ〜〜！！
バリーン
ゲッ
汚ねッ！
誰だ
ゲロ吐いて
やがる
流せよッ！

やれッ!

じゃ…
ン!

わ、わ、わ
ワカメ
詰まってる
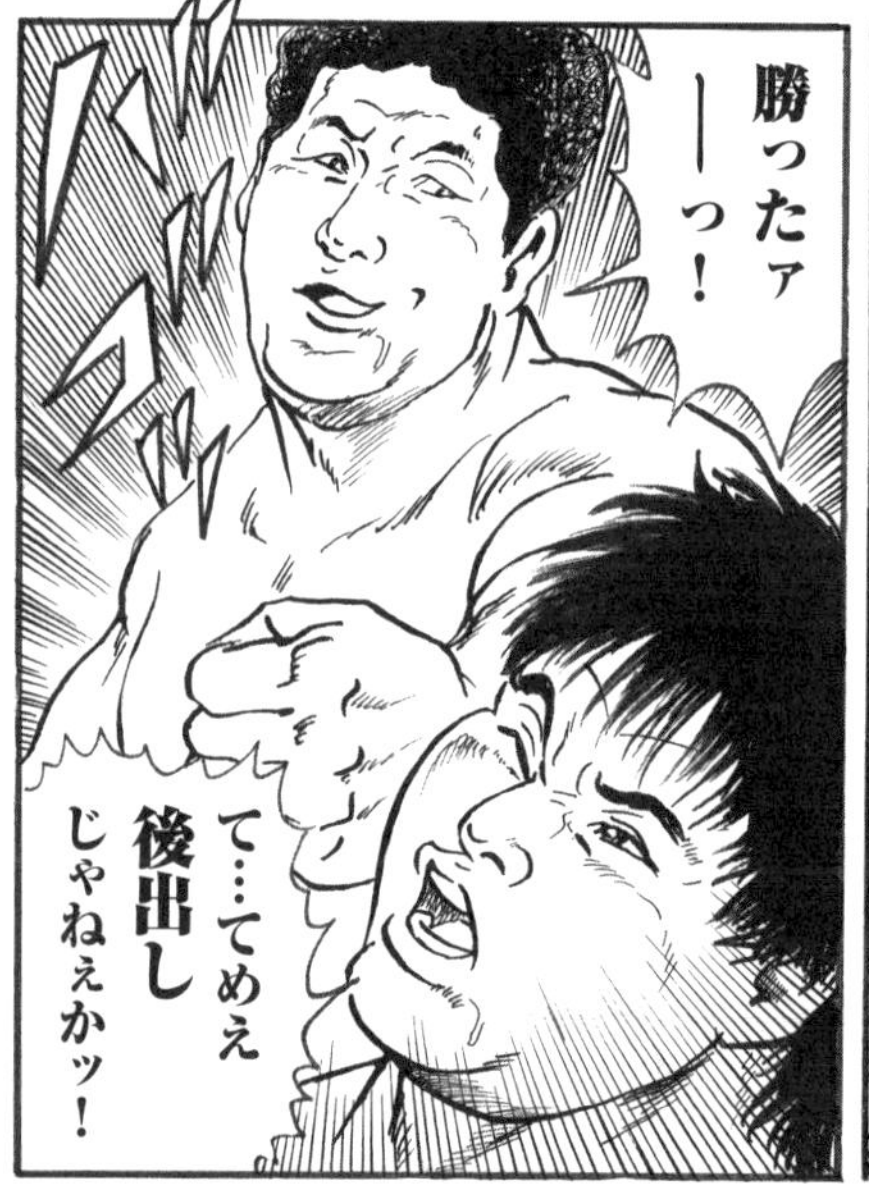
勝ったァーーっ!
て…てめえ
後出し
じゃねえかッ!

ザ〝ァ

キャーーッ
5階の
宴会場から
汚水が……
熊本観光旅館

猪木さん
650万円
請求されました
……

ふーん
旅館ごと
買っちゃえば！
ニヤッ

翌日
あれほど
暴れたのに
新日本プロレス
UWF 一行は
予定通り
午前9時に
出発
ここまで
徹底的に旅館を
破壊したのは
この一度だけだが
現在
この旅館は
廃業し存在しない
恐いだろ〜〜!?
熊本観光旅館
ヒュウゥ〜〜ゥ〜〜ゥ〜〜
完

こうしてわかった！

新日本プロレス

「熊本旅館破壊事件」の真相

近年、「あの時の真実はこうだ！」的なプロレスのアーカイブ記事やトークショーでいろいろなエピソードが伝えられるようになったが、おかげで世間にはそれほど広まっていなかった新日本プロレス「熊本旅館破壊事件」も面白おかしく知れ渡るようになった。

ところが当事者のレスラーたちはメモを取っているわけではないので記憶があいまい。しかもレスラーという生きものはサービス精神旺盛で、知らず知らずのうちに脚色してしまう。いわゆる諸説ふんぷんの花盛りだ。

そこで、新日本プロレスのトンパチの象徴「熊本旅館破壊事件」を正しく後世に伝えるためにも、事件の起こった正確な日付、場所を可能なかぎり調査してみた。

いったい、いつどこの旅館でこの事件は起こったのか。これまでのインタビュー記事によれば漠然と「熊本の旅館」説がいちばん多く、二番目は藤原喜明、ドン荒川らの「（熊本県）水俣市の旅館」。そして少数派として田中ケロ・リングアナ、前田日明の「（熊本県）人吉市の温泉旅館」がある。

UWFが新日本にカムバックして団体対抗戦がスタートした1986年1月3日「ニューイヤーダッシュ86」開幕戦から、翌87年11月19日の前田による「長州顔面蹴撃事件」によってUWFが新日本を離れるまでの約2年間の記録を調べた。

ミスター高橋氏に提供してもらった当時の巡業記録と、プロレス専門誌の試合日程資料の記録を調べていくと、87年1月21日の熊本市体育館大会後の宿泊場所が怪しい。知人のプロレス記者から「当時の雑誌を見てみると、1・26山口・小野田大会に出場している武藤敬司の右目下あたりに青あざが写っている。この青あざこそ前田に殴られた痕に違いない。そちらのデータをもとに逆算すると1・21熊本市体育館大会当日の宿泊ホテルの可能性がある」という情報がもたらされた。

熊本市体育館で試合をやって、宿泊だけ人吉、水俣に泊まった可能性はなかったか。早速、人吉、水俣、熊本の観光協会や古い旅館に何十カ所も連絡しまくり、該当する旅館はなかったか問い合わせた。しかし、どこも「記憶にない」という返事。1件だけ、人吉の観光協会から「水俣に泊まったのでは」という言質があったが、水俣と断定するだけの確証はなかった。ミスター高橋氏の巡業記録をもとに、事件現場は熊本市の繁華街に当時あった「熊本観光ホテル」ではないかと推定。この時点で原田久仁信先生に「熊本旅館破壊事件」漫画の執筆依頼をしたため、93ページまでの漫画内では、繁華街にある旅館として描かれている。

しかし、水俣の線も捨てきれない。信頼できる記憶力の船木誠勝に改めて電話をすると「熊本市内じゃないと思いますよ。寂しいところでした」という。その1時間も経たないうちに船木からメールが届き、「水俣です」とのこと。専門誌の資料を改めて丹念に調べていくと、なんと1・23水俣市体育館大会があるではないか。その日、武藤は試合に出場していた。事件の翌日は、前田から受けたパンチのために試合を欠場しているはずなので、1・24福岡・飯塚大会の記録を見る。たしかに武藤は欠場していた。

1・25北九州大会も調べるとこの日も武藤は欠場。そして前述したように1・26小野田大会で、右目下に青あざをつくった武藤が猪木とタッグを組んでメインに出場していた。

かくして「熊本旅館破壊事件」は1・23水俣大会後の「松の家旅館」で起こったと断定。

こうなってくると破壊内容も気になるところだが、極度に酒の入ったレスラーたちの記憶はまばらで、正確なことはもはや思い出せないだろう。ただ、翌朝、藤波辰爾が旅館に申し訳ないと律儀に一人で片付けをしていたことは、酒が抜けた複数のレスラーたちの証言から事実のようだ。

この事件で旅館側は1カ月ほど営業ができないと新日本に650万円を請求。経営的にゆとりのあった当時の新日本はどこ吹く風で弁償した。とくに選手たちにおとがめもなかった。今回の取材で某OBレスラーなどは「あの時、旅館泣いていたね。今度ね、みんなを集めてひさびさに忘年会やろうと思ってるんですけどね。どこか壊してもいいようなところないですかね」と、まったく反省の色はなかった。

昭和新日本プロレス、恐るべし。

第2章 天才の〝苦悩〟

——全日本プロレス時代

2002年9月30日、全日本プロレス30周年
記念パーティ(ザ・キャピトルホテル東急)

プロレスだけやってきた人は経営に携わっちゃダメなの！

2005年4月10日、武藤敬司
vs川田利明戦（後楽園ホール）

証言

川田利明

PROFILE

川田利明 かわだ・としあき●1963年、栃木県生まれ。足利工業大付高レスリング部時代、81年にインターハイ準優勝と国体優勝など活躍。82年、全日本プロレス入りし、同年10月に千葉県大原町消防署前グラウンド大会の冬木弘道戦でデビュー。海外修業を経て87年天龍同盟入り。のちに「四天王プロレス」で団体をけん引。2000年の大量離脱後も全日本に残留し、ノア、新日本、ハッスルなど各団体に参戦。得意技はストレッチプラム、パワーボム、延髄斬り。現在は、東京都世田谷区で飲食店「麺ジャラスK」を経営。

取材・文●丸井乙生

2002年1月17日、スポーツ紙の1面に大きな見出しが躍った。「激震!! 武藤 電撃退団&全日へ!!」――。

武藤敬司は前年の01年に、当時全日本プロレス所属の馳浩らと越境ユニット「BATT」を結成し、同6月には全日本の三冠王者に輝き、この年は新日本プロレスのIWGPタッグ、そして全日本の三冠（インター、PWF、UN王座）および世界タッグ（インター、PWF王座）を獲得し、前代未聞のメジャー六冠王に輝いていた。新日本のスーパースターとして君臨していたはずが、年明けに驚天動地の「全日本移籍」。「全日本に恋をしている」と語り、1984年の入門以来18年所属していた闘魂マットから、王道マットへと舵を切った。

一方、受け入れる側の全日本にとっては、崖っぷちからの〝徳俵〟となった。2000年、退団した三沢光晴に大量の選手が追随し、同年7月にプロレスリング・ノアを旗揚げ。全日本に残された所属選手は川田利明、渕正信、太陽ケアの3人だけとなった。フリー、外国人選手を起用して興行を続けるなか、02年の武藤、小島聡、ケンドー・カシン、そして主要スタッフの移籍は、全日本が息を吹き返すきっかけとなった。全日本プロレス〝四天王〟のひとり川田は、武藤らの加入を初めて聞いた時、何を思ったのか。

プロレスラーとしては飛び抜けた選手

「馳浩さんにどこだったか地方のホテルで部屋に呼ばれて行ったら、『今度、武藤たちがすごい資金を持って（全日本に）来る』って言われたんだよ。そういう資金を用意してくれるスポンサーを連れて来るって言っていたけれど、来てみたらまったく持ってこなかったんだよ（笑）」

とはいえ、スター選手の移籍は興行としては大きな戦力。1990年のSWS移籍を経て11年ぶりに天龍源一郎が全日本復帰を果たし、さらに武藤、小島、カシンの加入でスター選手の層に厚みが出たことは間違いない。

「その時はそういう戦力が少なかったからね。興行としては、もちろんカードも組みやすくなったと思うよ。ただ、どんどんどんどん、彼（武藤）の個性が表に出てくるから。全日本らしさっていう部分がなくなってきたところもあった。全日本らしさがなくなってくると、今度は全日本を見に来てくれていた人たちもどんどん去っていく。ましてや、ノア（の興行が）があったらみんなそっちに行ってしまったような印象はあったかな。もちろん、武藤たちが来たことはよかったけどね」

武藤の加入により、闘魂三銃士と四天王が初めて同じ団体所属レスラーとして覇を競うことになった。川田から見た「選手・武藤敬司」は、「受けの美学」を重んじる全日本マットへの順応性が高く、かつ華やかさを兼ね備えていた。

「新日本の選手らしからぬところがあるなって思ったよ。新日本の選手で〝新日本らしからぬ〟と、試合をやってみて感じた選手は、武藤敬司と藤波辰爾さんかな。だから全日本にも対応できたんじゃない？　動きそのものがものすごく速いわけじゃないんだけど、動きを速く見せるのがうまい。逆に言うと、あえて無駄な動きをつけることによって、速く見せているとも言える。タイプは全然違うけれど、ダイナマイト・キッドにもちょっとそういうところがあった。それもプロレスラーにとっては大切なこと。あのフラッシング・エルボーにしても、『あの動きは要らないだろ』という見方もあるけれど、あの動きがあるからこそ速く見える。プロレスラーにとっては、そういうのも大事なんじゃないかなって思うよ」

もともと、川田はアマチュアレスリングで高校時代、全国トップクラスの選手。武藤は柔道でジュニア時代に全日本柔道連盟の強化指定を受けたほか、当時の東北柔専（現・東北柔専 仙台接骨医療専門学校）時代に高専柔道を学び、あの木村政彦から指導を受けた経験もある。互いにアスリートとして格闘技のベースを持つなか、武藤のすごみは「要所を抑える」と「緩急」にあるという。

「ポイントポイントを確実に決める選手だね。その他は、ほとんどリラックス状態でいる。リラックス状態というのは、動いてない、もしくはゆっくり動いている。でも、ポイントだけは速いんだよ。もしくは速く見せている」

寡黙なイメージのある川田は、実際は飛んだり跳ねたりの身軽な技も器用にこなす身体能力を持ち、カラオケでは美声、一気飲みの宴会芸もこなす。一方、リング上では、他の選手と被らずに自分を打ち出す方法として、まるで名優・高倉健のような「寡黙で不器用な男」を貫いた。他選手との差別化を考えながら生き抜いてきた川田から見た、「武藤にあって自分にはない長所」とは。

「俺は、人と違うことをしないと覚えてもらえないと考えたからね。武藤には、ナルシスト的なところがあるじゃない？　武藤と三沢さんはよく比較されるけれど、三沢さんにはナルシストな部分がなかったと思うんだよ。小橋にはナルシスト的なところがあって、俺は小橋によく『プロレスラーにとって、ナルシストがいちばん大切だから』って言ってた。そうすると小橋は嫌がるんだけど、そのいちばん大切な部分を小橋も持っていた。武藤もそう。それはプロレスラーにとっては大切なことだと思うよ。ナルシストじゃなかったら（プロレスLOVEポーズは）できないよ。普通は照れが入って、恥ずかしくてできない。でも、レスラーは目立たなきゃいけない。そういう意味では、いちばんレスラーとして大切な部分を持っている。だから、生まれつきのセンスがあるんだと思う。経営に携わらなければ、プロレスラーとしてはもう素晴らしい、飛び抜けた選手。プロレスフーとして本当にいちばん必要な部分を持っていた選手だと思うよ」

全日本プロレスは新しい門出を迎えた。武藤の華やかさ、小島が試合中に叫ぶ「いっちゃうぞバカヤロー」。そして、火のない所に戦いを生み出すカシンは〝理不尽着火装置〟をあちこちで発動。骨太な試合に何よりも重きを置く全日本に、新日本の文化が持ち込まれた。

「新しいものが入ってくること自体は、それはそれでよかったのかなと思う。現在の全日本を見ると、宮原（健斗）くん、彼なんか本当にもう、ナルシストの塊みたいなところがあるじゃない。プロレスラーとして大事なことだから、現在の全日本もあれはあれでいいんだと思うよ。昔から、団体が変わっていくのは選手が出てっちゃったり、入ってきたり、また出てっちゃったり、そういうことによる変化だよね。もちろん、リング上の内容もどんどん変わっていってると思うんだけど」

小島が俺の倍もらっていて、武藤は3倍

川田と武藤のシングル初対決は、武藤全日本移籍前の01年4・14チャンピオン・カーニバル。川田がシャイニング・ウィザードを浴びて黒星を喫した。武藤加入後、新たな名勝負が紡がれていくと思われたが、二人の三冠戦は意外にもただの一度しかない。02年2・24日本武道館。当時〝六冠王者〟だった武藤に、挑戦者・川田が最後は垂直落下式パワーボム、ジャンピングハイキック、そしてとどめのパワーボムで畳みかけ、生え抜き選手として至宝奪回に成功している。

その後両者は、王者となった〝破壊王〟橋本真也をめぐり、03年7・13大阪府立体育館大会の次期挑戦者決定戦で激突。川田がパワーボムで武藤を退けた。チャンピオン・カーニバルでは何

度か対戦したものの、シングルマッチ自体の数はかぎられている。

「そんなにたくさん試合をしたわけじゃないんだよね。俺がやってきた全日本はみんなデカい人ばっかりだったけど、新日本の選手って意外とそれほど体の大きな選手がいなかった。そのなかで、全日本のデカい選手に匹敵する体をしていたのは武藤敬司ぐらいだったと思うよ。昔は俺とか三沢さんは体が小さいって言われたけど、いまのプロレスのリングに立ったらデカいよ。まあ、（公称192センチの）田上（明）と並んだらアレだけど、田上だってもういまは3〜4センチくらい、たぶん縮んでるよね。

最近は、昔だったらプロレスに来るような体が大きくて身体能力が優れた人材がいても、もっと稼げる別のスポーツに行ってるからね。プロレス団体が増えたし、いまは体が小さくてもプロレスラーになれるから、プロレスラーになる人の分母自体は増えた。増えたけれど、スポーツの選択肢も増えたから、優れた能力を持っている人は他のスポーツに行っちゃう。だから、プロレス界で優れた能力を持つ人の数は少なくなるよね。たとえば、いまの野球選手にしても、プロレスラーよりも大きい選手が増えたように思うんだよね。背も高いし、190センチくらいある選手もゴロゴロいるでしょ。昔だったら相撲に行く人も、ラグビーやアメフトもあるじゃない。大相撲の上位番付は外国人が多くなったし」

リング以外での武藤の特徴も川田は語ってくれた。

「そうだねえ、いい意味で能天気……いや、大らかって言うのかな。細かいことは気にしないよね。それが、武藤敬司のいいところなんじゃない？　長州（力）さんにあんなふうに話せるのは武藤敬司ぐらいだよね。だから、そういう意味でも、たぶんみんなから怒られないようなキャラなんだろうね」

もしも、かつての馬場・全日本に武藤のような大らかなタイプの選手がいたとしたら、どうなっていたのだろうか。

「いない、いない、いない。いたら干される。新日本にも、あんな感じでしゃべる選手は他にいないでしょ。橋本真也でもタイプが違うよね。闘魂三銃士では、蝶野（正洋）がいちばん普通だよ。普通に会話できるもの。だから、トークイベント（23年1月29日、蝶野正洋トークイベント『吠える総帥シリーズVol.10』、青山LA COLLEZIONE）にゲストで出ることになっているんだけど、いちばん寡黙なキャラでやってきた2人（川田、蝶野）が、たぶんいちばんまともな話をすると思うよ。三銃士のなかで、いちばんスムーズに会話ができるのも蝶野かなと思う」

とはいえ、武藤の周りにはファンのみならず、支えようとする人材が集まってくる。魅力があるからこそ、そのオーラに引き付けられてきた。

「たとえば経営や経理にしてもなんにしても、本人はそれが得意じゃないけれど、周りがいろんなことを助けてくれるタイプの人なんじゃないかな。そういう面では三沢（光晴）さんに似ているところがあって、支えたいと思う人が周りに集まってくる立場にいる人なのかなと」

02年2月に全日本へ入団した武藤は、当時の馬場元子社長が同席するなか、記者会見で「全日本プロレスに骨の髄までしゃぶっていただきたいと思います」と名言を残した。同年秋には、代表取締役に就任。のちに元子前社長（当時）から株式も譲渡され、オーナー兼社長となった。社長就任が噂された時は、川田、渕の生え抜き勢との軋轢も報道されたが……。

「違う、違う。『（武藤が社長に）なりたい、なりたい』って言うから、俺と渕さんで元子さんを説得して、『やりたいって言っているなら、やらせてあげてください』って言ったのよ。振り返れば、社長に推薦した俺も悪かったなって。その後、俺が散々な人生になってるから。もちろん、彼たちが来たことは、来ないよりはよかったけれど、結果的に俺はお金の面ではいろんな不自由をしたところはある。ギャラでいえば、小島が俺の倍もらっていて、武藤は3倍もらっていたわけだから。それは、来てちょっとしてから知ったのかな。いや、わかるでしょう。周りからそういう話が出てくるんだから」

1年以上給料をもらっていなかったから辞めた

03年、元子前社長（当時）は武藤へ全日本の発行株式の約75%を譲渡したことを認めた。これにより、武藤は筆頭株主となり、オーナー兼社長に。一方、川田は05年、「無所属宣言」を行い、事実上のフリー選手となった。ノア勢との分裂時に残留し、「全日本の顔」を張っていた川田がまさかの退団を決断した理由は、金銭問題が絡んでいる。ジャイアント馬場時代の全日本は、選手のギャラが新日本よりも安いとされていたが、一般のサラリーマンのように本人、会社の労使双方が折半して支払う「社会保険料」制度を採用していた。

「全日本という会社は、ずっと（社会保険料の）半分を支払ってくれていた。だから、馬場さんという人は経営者としてしっかりしていたんだよ。経営なんて誰でもできるだろうと思って、ノアに出て行った人たちも、経営に関してはもうどうしようもない状態に最後はなったわけでしょ。昔の全日本はお客さんがあまり入らない時期でも、ちゃんと保険は支払っていてくれたわけで、いかに馬場さんが経営者としてうまくやってきたかということ。しっかりしていたよね。安いギャラでも、馬場さんの場合はどんな時でも欠かしたことがない。ましてや、厚生年金とかでも会社にちゃんとしたシステムをつくってくれていたしね。（その制度でいま助けられている元選手も）たぶん、いっぱいいると思う」

しかし、全日本が武藤体制になってから、経営方針に異変が起きたという。

「新日本ではそういう保険に関する制度がなかったのかどうかわからないけれど、（武藤体制以降は）レスラーは個人事業主っていう考え方で、会社が納付するはずの折半分も自分で払ってくれって言われた。それで、いままで会社が払っていた分まで全部、俺が自分で払ってきたけど、そのうち自宅に赤い紙が来たんだよ。『納めていませんけど』みたいなお知らせが。俺は、厚生年金は最高上限額を徴収されていて、個人負担分も、本来は会社が払う分も、両方とも会社に天引きしてもらっていたけれど、それが全部（行政側に）支払われていなかったということ。でも、俺は自分の納付分と、本来は会社が納付する分を天引きで支払っていた明細を全部持っていたから、ノアに行ったそのあたりの専門家である早川（久夫）さんと一緒に役所に行って、（行政側に）説明してきたよ。それでも、何年か分だけはどうしても戻らないとは言われたなあ。ましてや、全日本から1年以上給料をもらっていなかったわけだから、そりゃ辞めるでしょう」

不幸の連鎖は続く。ギャランティーの未払いだ。「無所属宣言」後、フリーとして活動しながら、各団体に出場したギャラについては、ドリームステージエンターテインメント（DSE）を窓口にしていた。当時はDSE経由で川田に支払われていたが、その後、ハッスルの運営会社がハッスルエンターテインメントに変更され、それに伴って川田の窓口も変更されてから、雲行きが怪しくなったという。

「ドリームステージに行ったあと、1年間は（ギャラを）もらっていたんだけど、ハッスルエンターテインメントって会社に変わっちゃってから、ずっともらってないんだよね。全日本、新日本とかのビッグマッチに両方出ているんだけど、その会社を通してもらうことになっていたから、他団体に出た分も全部未払い。ましてやハッスルに出たのももらってない。（未払いの被害）額は俺がいちばん大きいんじゃないかなあ」

川田は全日本退団前の1年間とその後のフリー時代で、事実上のノーギャラ状態が数年間にわたって続いたことになる。

「長い。長いよ、ホント。でもね、全日本のギャラに関してだけは、長い期間かけてちょっとずつ戻してくれたよ。1年か2年くらいかけて、分割で払ってくれたと思う。もう（払い込みは）終わってる。武藤の奥さんが『これは払わなきゃおかしくない？』って払ってくれたの。奥さんが会社に携わっていたから。武藤はプロレスラーとしての素質は、すごくずば抜けていたかもしれないけど、経営者をやらなきゃよかったんだろうなって。全日本の株を、どこかの会社に売っちゃったりもしたよね。それは（全日本の生え抜きとしては）考えられないよ」

当時の全日本の経営が傾いた原因を川田はどう捉えているのか。

「わからない。少なくとも、武藤が経営するようになってから（傾いた）。だから、彼はレスラーに専念していればよかったのよ。会社がそれだけ傾いているのに、武藤だけがそんなに潤っているっていうのもおかしな話なんだよな。だから、ホントね、繰り返すけど、レスラーだけやっておけばよかったよなあ、素晴らしい選手なのに。どう考えても、経営の素人がわかることじゃないんだよね。それまでプロレスだけをやってきた人間が、経営に口を挟むようになったらおしまいなのよ。経営者として（の評価）はもう……マイナスだろうね。もう一回繰り返すけど、プロレスだけやってきた人は経営に携わっちゃダメなの！」

武藤は〝いいとこ取り〟で生きてきている

09年6月13日、足利工大付高校（現・足利大学附属高校）の1学年先輩で、全日本でもともに過ごした三沢が試合中に他界。衝撃を受けた川田は徐々にリングから遠ざかり、10年6月にラーメン居酒屋「麺ジャラスK」を東京・世田谷区でオープンした。新型コロナウイルス感染拡大による影響を受けながらも、店は23年で14年目を迎える。看板メニューは「カレー白湯ら～めん」。年々味に深みが増し、プロレスファンのみならず、その味を求めるお客さんも訪れるようになった。そして、武藤はプロレスリング・ノアの23年2・21東京ドーム大会で引退試合に臨む。引退直前でもなお、試合でメインクラスを張る存在感を示しているのだ。

「馬場さんが60歳で現役をやっていた時に、年齢のことで否定的な声もあったけれど、馬場さんは自分が年齢を重ねてきた時に、リングに上がるにしてもメインではなく2、3試合目に出るとか、出場する試合を変えていたよね。馬場さんが顔出しするだけで、お客さんがみんな納得するわけだから、お客さんを喜ばせたかったんだよね。だから、あえて上のほうで試合をしなかったんだと思うよ。

俺がこの12月で59歳になったから、武藤ももう60歳。メインクラスの試合に出ているんだから、そこが武藤敬司のすごいところ。プロレスラーになるために生まれてきたような人間かもしれないよ。髪の毛が薄くなってスキンヘッドにしたところも、それも武藤敬司。目立つじゃない。だから結局、いろんな面でいいとこ取り、いいとこ取りで生きてきているわけよ。普通、いいとこ取りだけで人生、生きていけない。それができる人は、本当にごく一部なんだから」

年齢を感じさせないスーパースター・武藤だが、21年3・7横浜武道館大会の6人タッグマッチで、稲村愛輝にスペースローリングエルボーを仕掛けた際、側転の着地で動きが止まってしまい、エルボーに移行できなかったことが話題となった。しかし、指先の動きひとつ、顔の向きひとつで観客を沸かせる稀有な存在であることは、引退直前となったいまも変わらない。

「ほとんど年齢を感じさせないよね。側転してからエルボーにいけなかった試合があったでしょ。あの時に、もう結構厳しいんだなと感じたくらいで。ああいうキャラクターはたぶん、二度と出てこないだろうね。あの体の大きさでね。いや、あの体の大きさであの動きができること自体がもう規格外。昔のプロレスラーでは三沢さんとか俺も小さいほうだったけれど、三沢さんにしたって体重は110何キロあったわけだから。それで三沢さんはあの動きができた人だけど、武藤の体はもっと大きいでしょ。武藤もそうだし、新日本の先輩たち——亡くなった猪木さんも、武藤とは違う表現で〝魅せる〟〝お客さんの心を惹きつける〟ところがあった。加えて、武藤が素晴らしいところは、海外でも活躍してきたってことだよ。それは本当に素晴らしいと思う」

川田自身は選手として事実上の引退状態ではあるが、引退試合は行わずにいる。

「だって、体がボロボロだから（引退試合を）やってないわけなんだからさ。ボロボロにならないようなプロレスを当時やっていたとしたら、たぶん、俺はみんなに名前を覚えてもらえなかったんじゃないかなと思う」

武藤の引退試合の相手は未発表（22年12月20日時点）。最後に川田が見たいカードを挙げてもらった。

「いやあ……引退するんだったら、やっぱり最後、安生（洋二）じゃないけど、〝200％武藤敬司〟を出してほしいよね。だから、（引退試合は）どっちかと言えばシングルが見たい。やっぱり相手は蝶野。えっ、断ったの？　じゃあ、長州さんに来てもらえばいいじゃん。長州さんに復帰してもらって、シングルでやったらいちばん盛り上がるよ。武藤vs長州、見たいね。長州さん、元気いっぱいなんだから」

「プロレスLOVE」ポーズの
キツネ手を凝視する川田

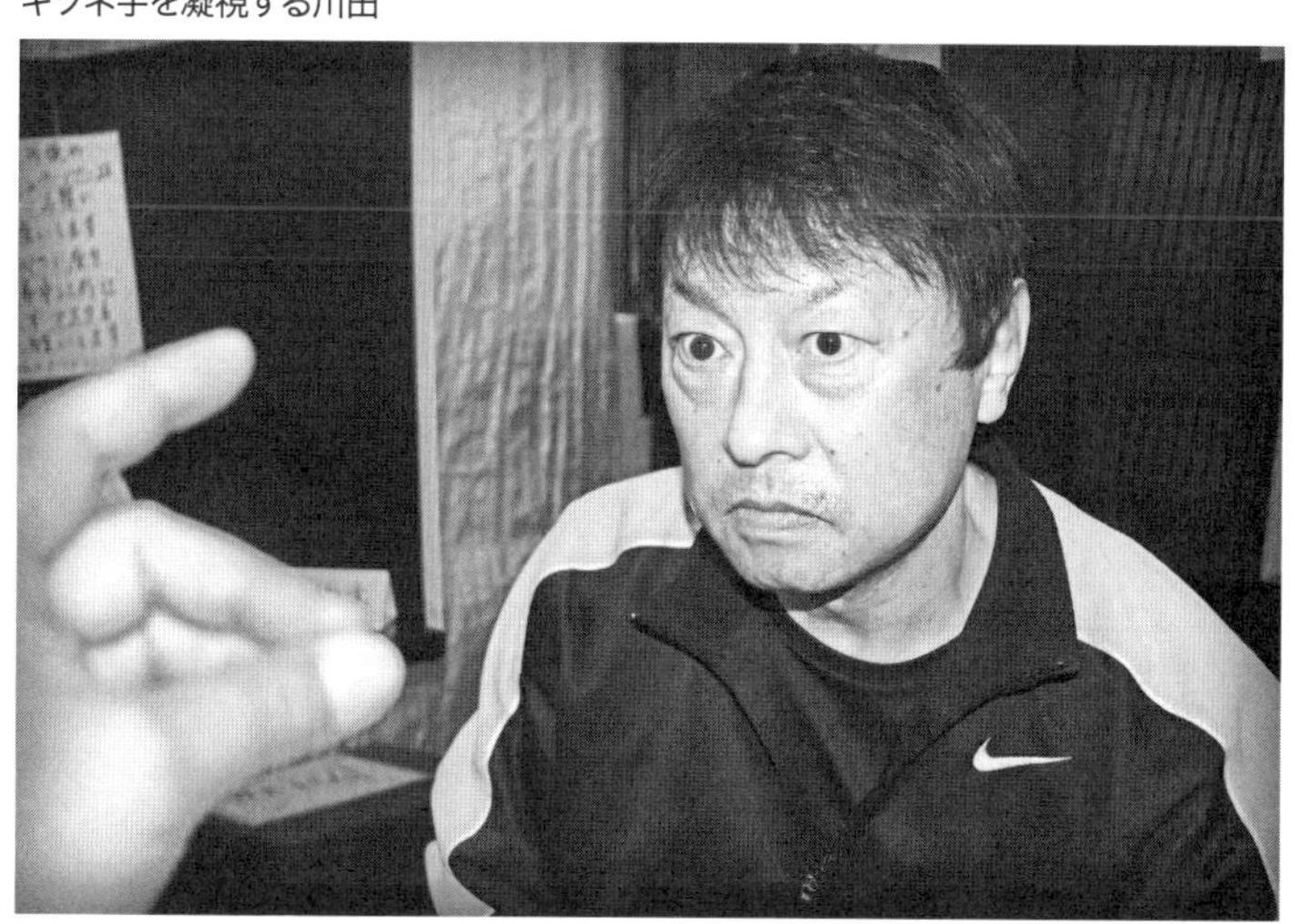

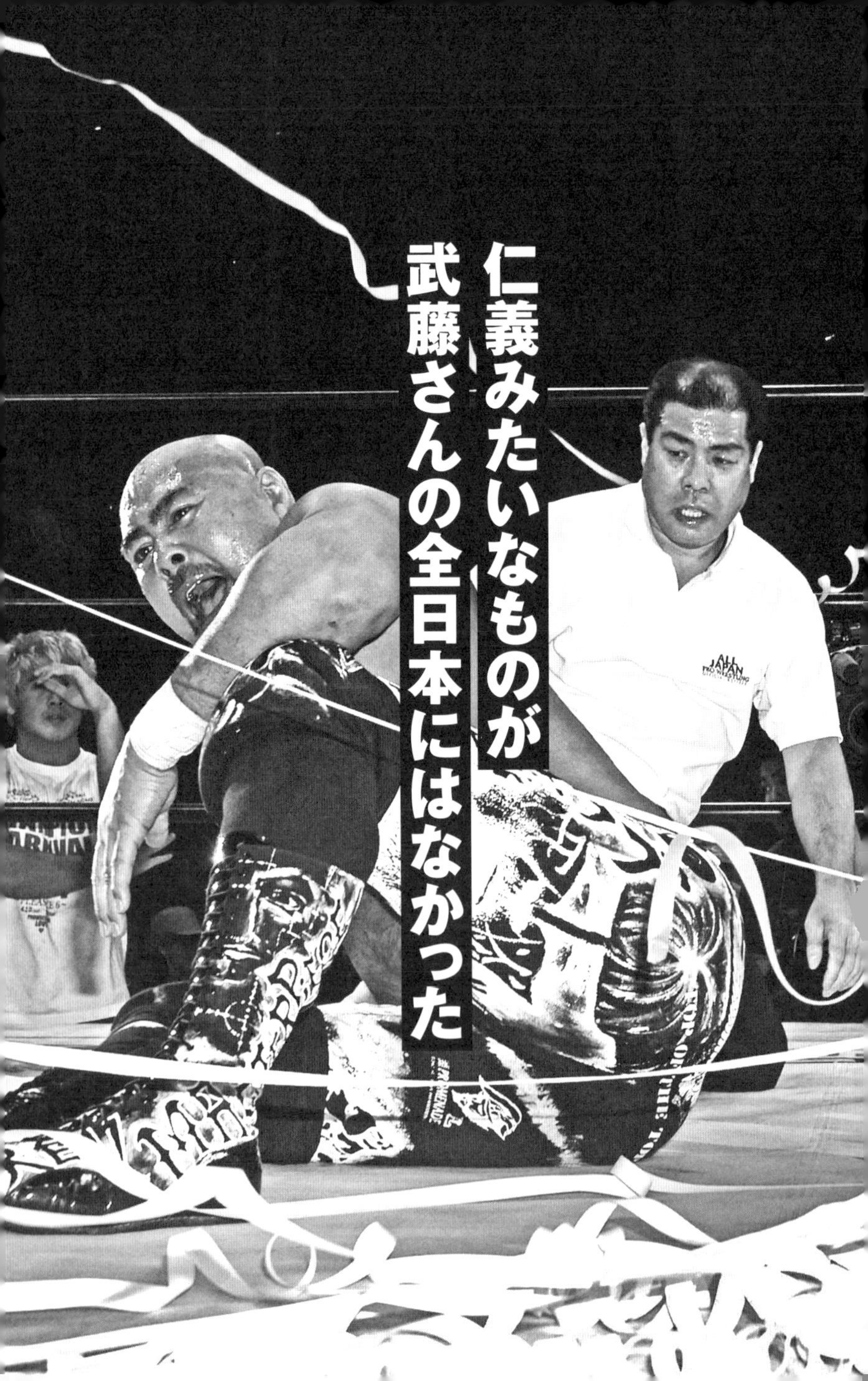
仁義みたいなものが
武藤さんの全日本にはなかった
ALL JAPAN

PROFILE

和田京平 わだ・きょうへい●1954年、東京都生まれ。72年にリング設営スタッフとして全日本プロレスに参加し、74年からレフェリーに。80年代後半の鶴龍対決からはメインイベントのレフェリーを任される。また、ジャイアント馬場の付き人を長らく務めた。2011年、武藤敬司社長の全日本を退団。以後はフリーとなり、インディー、女子プロを含めたあらゆる団体、興行でレフェリーとして活躍。裁いた試合数は延べ1万試合を超える。

取材・文●ジャン斉藤

「武藤さん？　いい思い出はそれほどないよね。だって俺を全日本プロレスから外した時点で、いい思い出なんかあるわけないよ……」

全日本プロレスの名誉レフェリーは開口一番、断罪した。ジャイアント馬場が旗上げした伝統ある同団体を創成期から支え続けた和田京平には、王道のリングから離れざるをえなかった〝空白の2年6カ月〟が存在する。それは武藤敬司が全日本の代表を努めていた時期だった。天才レスラーとレジェンドレフェリーの間に、いったいなにが起きていたのか——。

〝元子派〟の和田京平が裏切って武藤側に

武藤が新日本プロレスを退団し、新日本のレスラーや社員を引き連れて全日本に移籍してきたのは2002年1月のことだった。当時の全日本は窮地に追い込まれていた。1999年1月に創始者ジャイアント馬場が急逝し、三沢光晴が社長の座に付いたが、筆頭株主の馬場夫人・元子氏と運営方針をめぐって対立。三沢は他のレスラーや社員を伴って全日本を退団し、00年にノアを設立する。元子氏のもとに残されたのは川田利明、渕正信、スタッフ数名だけだった。風前の灯火（ともしび）となった全日本は新日本との交流に活路を求めた。その流れで新日本から派遣されていた武藤がそのまま全日本に移籍することになったのだ。このビッグサプライズは元子氏の懐刀的存在だった和田京平にすら知らされてなかった。

「元子さんと裏で話し合いができていたんだよ。ただ、なんか変だなとは思っていた。元子さんがやたら自分の家でパーティをやってたんだよね。お客さんを呼んでもてなすような感じで。ある日、『京平くん、ちょっと付き合ってくれる？』と言われて買い物に付き合ったんだけど、広尾の明治屋で、もう高級店ですよ。そこで肉とかいろんなものを買い占めて『私、お酒がわからないから京平くん、ちょっとお酒を何本か揃えて』と。それで焼酎やワインを選んでね。年末が近かったんでクリスマスパーティの準備かと思ったよ。でも、元子さんは、俺にこれだけ買い物をさせておいて、『あんたは呼ばないよ』って言うの。まあ俺はうれしかったんだけど。だって酒を飲んでクリスマスパーティなんかよりも勝手にパチンコをやってたほうがいいんで（笑）。

でも、そういう時って普段は俺は呼ばれるから、これはなんかあるな……とピンときたんです。実際どんなパーティだったかといえば、クリスマスの時に新日本を脱退するレスラーなんかがみんな元子さんの家に集まっていたと。そこで武藤さんと元子さんとの約束事の話があったらしくて、そこに俺が入ると元子さんとしては面倒だったんだろうね。たとえば、なにか約束をして元子さんが守らなかったとしても、俺はそこにいないからわからない。もしパーティに参加していたら、元子さんに『あの時はこう言ってたじゃないですか』って俺は武藤派についちゃうかもしれない。そこが元子さんのひとつの手腕だよね。さすがだなと思いましたよ（笑）」

和田京平は武藤たちの移籍を諸手を挙げて歓迎した。それは数十年にわたって身を粉にして尽くしてきた全日本が続く、というよりは、敬愛する馬場元子にこれ以上、団体経営の苦労を重ねてほしくなかったからだ。

「元子さんは意地で（全日本を）やっていたから。俺が『このまま全日本をやってたら2億、3億円、簡単になくなりますよ』って言ったんだけど、『私はそんなバカじゃないんです。私はいろいろ考えてるから。京平、いまにアッと言わせてやるからね』って。それが武藤さんだったわけだよね。

武藤さんに任せるのは賛成だったんですよ。それは元子さんにお金を使わせたくなかったから。全日本をやればやるほど元子さんのお金がなくなることが目に見えてましたから。

元子さんと武藤さんの間で決められた、全日本を譲渡する条件がどういうものだったかは俺は知らないよ。考えるに、元子さんが全日本をあげるかわりに武藤さんがそれなりの金額を用意する。三沢たちが辞めたあと、元子さんは全日本を続けることで2億、3億円は使ってるんですよ。だから5億～6億円を提示してもおかしくないよね。ところが武藤さんの入団後も、約束した金額が元子さんに入ってこない。実際に持ってきたのは1億円弱だったんです。だからか元子さんは武藤さんに株式を渡さず、全日本のオーナーは元子さんのままだったんですよ」

つまり武藤は三沢と変わらぬ雇われ社長の立場だった。しかし、02年9月、武藤は馬場元子から全日本の株式を無償で譲渡される。全日本の生え抜きで〝元子派〟と思われていた役員の渕正信、和田京平が武藤側に回ったことで馬場元子はそうせざるをえなかったのだ。

元子さんを悪者にしたくなかった

「最終的に元子さんは武藤さんに全日本を渡しました。それは俺が裏切ったからだよね……。武藤さんが移籍してきて、まだ雇われ社長だった頃、武藤さんは『三沢と同じじゃないか。京平さん、約束が違うよ』って嘆くんだけど、俺はなにがあったか知らないから。早い段階から『京平さん、俺、全日本を辞めるよ。もう会社なんかいらねえよ』って言い出して。もう船出してるのにここで武藤さんが辞めたら、また元子さんが叩かれるでしょ。三沢も株券をくれないのどうので、雇われ社長なんかやりたくないって全日本から出て行ったわけだから。俺は元子さんを悪者にしたくはないんで俺が悪者になろうと策を講じたんですよ。武藤さんとはこんなやりとりをしたんだよ。

『武藤さん、俺は武藤さん側についてあげるよ』

『えっ、京平さん、元子さんを裏切れるの？』

『元子さんはいまハワイにいるから、我々役員や社員みんなで辞表を出しましょう。そうなったら元子さんは全日本を続けることはできないし、ギブアップするでしょう。俺も元子さんとは接触しない』

でも、武藤さんはなかなか俺を信用してくれなかった（笑）。武藤さんからすると俺を敵だと思ってたんだよね。でも、俺はマスコミに叩かれる元子さんなんて見たくないから、それでみんなで辞表を出した。それまで元子さんがハワイから帰ってくる時、俺は必ず迎えに行ってたけど、今回は迎えには行かなかった。そこで俺が武藤さん側についたことがわかって元子さんも怒った。『もうあんたの勝手にしなさい‼』ってね。それで俺が思ったとおりに『そっくり武藤さんにあげるから』っていうことになったわけですよ。だから俺の計画どおりにはなったし、武藤さんが辞めなかったことで元子さんは叩かれない。でも、俺と元子さんの関係は壊れてしまったんですよ……」

和田京平の、主を案じての裏切り行為は悲しいかな、馬場元子の理解を得られなかった。

「元子さんとは2〜3年は口を聞いてなかったですね。ウチの嫁さんも元子さんと付き合いはあったんですけど、嫁さんがなんか悪いことをしたわけじゃないし、気を遣ってくれて元子さんのところにちょこちょこ顔を出してたんです。そんな目に遭わせた嫁さんにはかわいそうなことをしたけど、元子さんも『京平はなにしてるの？』と聞いてくることもなくてね。

雪解けとなったのは、それから数年後の馬場さん七回忌追善興行の時かな（05年2月5日、日本武道館）。元子さんを裏切った手前、俺はその場に出られるわけないし、出るつもりがなかったんですよ。でも、その話が広まったのかな。元子さんが（04年の）暮れの31日にひょっこりウチに現れたんですよ。その日はウチの嫁さんの態度が変でね。『今日あなたどこにも出かけないよね？』って、やたら俺を引き止めるんですよ（笑）。ちょうど雪が降り出して、俺がご飯を食べてたら、ドアがガチャッと開いて『京平！』っていつもの声が聞こえてね。まさかと玄関に出ていったら元子さん。『もうあんたはホントに意地っ張りなんだから。もう仲良くしよう京平。あんたが七回忌にいなかったら馬場さんも悲しむよ』って。

そんなふうに言われたら、もうケンカしてる場合じゃないですよね。『元子さんがそれでいいなら、昔のように僕は付き合いますよ』と雪が降るなか、元子さんのことを車で家まで送ってね。そこでわだかまりがなくなったんですね。元子さんは意外とあっさりしてるんですよ。俺もあっさりタイプ。だからよくケンカしたんですよ。『このクソババア！』って（笑）。

次の日は元旦ですよね。昔のように俺と嫁さんが馬場さんの家に行って、『あけましておめでとうございます』って新年の挨拶をする。元子さんは『はい、お疲れさん』ってお年玉をくれる。馬場さんのいた頃から変わらないやり取りが戻ってきたんです。それからはいままでどおり毎日馬場さんの家に行って、元子さんに『今日はなにかありますか？』って聞いて、馬場さんにお線香をあげて、手を合わせて。

元子さんとの関係は戻ったけど、俺が武藤さん側についた真意を元子さんは理解してくれてはいなかったんじゃないかなあ。まあ、俺は元子さんを悪者にしたくなかったから、それでいいんだけどね」

馬場元子に5000万円を借りた武藤・全日本

全日本の株式を武藤に無償譲渡した馬場元子だが、全日本の道場の土地は彼女が亡くなるまで持ち続けていた。そのカラクリを和田京平はこう解説する。

「全日本は日本武道館2連戦（02年8月30日&31日）にビル・ゴールドバーグを呼んだでしょ。全日本は、そのギャラがないから元子さんに5000万円貸してくれって頼んだんですよ。元子さんも馬鹿じゃないですよ。『じゃあ、貸してあげるかわりに全日本の道場を私の名義にしてちょうだい』って。あの土地を売ったら1億円近いんですから。それで全日本は元子さんに家賃を毎月払っていた。でも、ゴールドバーグが武道館に2試合出るのに5000万円はいくらなんでもかかりすぎですよね……。

後楽園ホールで興行をやればお金は入ってくるのに、武藤さんってそういうことが全然わかってなかったんだよね。リングアナの木原文人（ふみひと）とかがアイデアを絞り出して、女子選手と試合をしたり、お笑いの連中を呼んだりした時は後楽園が超満員でしたよね。『カネがねえんだからしょうがないっすよね』って言うのもまたひとつの武藤流だった。馬場さんの頃は『外国人レスラーをエコノミーなんかで寄こせるか』ってことで、みんなファーストクラスで来日してたんですよ。それが武藤さんの時は『払えないもんは払えないんだ』ってことでエコノミーで来いっていうんだから。ギャラの安いバリー・ブキャナンとかそういう連中を呼んでやっていた。まあそれでもギャラはそれなりだったんだけど、馬場さんの頃とは変わっていったよね」

発足当初からカネに苦しんでいた武藤・全日本は途中で何度も消滅危機を迎えていた。

「まだ武藤体制になってから1年も経たないうちからじゃないのかな、すぐにお金がショートしちゃったんだから。給料の遅配はありましたし、お金がなくて俺が貸したくらいですよ。それで武藤さんも途中でギブアップして『京平さん、これはもう無理だよ。みんな辞めるしかねえよ。社員とかも解雇だよ。全日本をもうやめるわ。もう閉めるわ』っていう話になってね。事務所に社員全員を呼んで『いまの全日本はこういう状態なのでみなさんを解雇します』って伝えたんです。で、武藤さんと俺で社長室に残っていたんだけど、まだやらなきゃいけない大会は残ってるから社員は仕事をするわけだよ。

武藤さんは不思議そうな顔で『京平さん、俺はみんなに解雇って言ったよね？　アイツら、なにやってるの？　みんな働いてんじゃん』と。俺は大会ポスターを指さして『武藤さん、じゃあこの後楽園はどうするの？』って聞いたんです。『やるよ。やるに決まってんじゃん』『だったら社員の連中がチケットを売ったりしなきゃ、やれないじゃん』『……そっかあ。アイツら、よく働くねえ。辞めさせるわけにはいかねえじゃん！』って……なんか不思議な人だなあと思ったよ（苦笑）」

その後、武藤夫人が経営に参画するといったサポートなどが入り、武藤・全日本はなんとか継続していく。

「まあ、奥さんは嫌われ者になってるんじゃないかな。そのへんは馬場さんと元子さんの関係を真似したというか。そんなことをやってる間に神戸大会で平井（伸和＝スーパー・ヘイト）の事件が起きちゃって。俺はまともなことを言ったつもりなんだけど、クビになっちゃうんだなって」

武藤さんは全日本に残るけど、俺は出て行けってこと

11年5月29日、全日本の神戸大会で事件は起きた。試合前の控室でＴＡＲＵと平井が口論となり、ＴＡＲＵが平井を殴打。周囲が両者を仲裁して騒動は収まり、平井もその日の試合をこなしたが、試合後に倒れて救急車で搬送。急性硬膜下血腫で緊急手術する事態となった。

数日後、ＴＡＲＵが暴行を認めるも、症状との因果関係が不明なため当初は事件化されなかった。しかし、半年後にＴＡＲＵはＭＡＺＡＤＡとともに暴行の容疑で逮捕され、罰金30万円の略式命令がくだされた。平井は現在もリハビリ中であるが、重度の記憶障害が残るなど、リングに戻れる状態ではないという。

「ああいうことが起きてしまったら、武藤さんが一刻も早く記者会見を開いて『世間をお騒がせしまして申し訳ございませんでした』って頭を下げるのが社長の役目なんじゃないの？って東京スポーツさんの取材で俺が言ったんだよ。社員ＡとかＢではなく俺の名前を出していいから、と。

それが武藤さんからすれば、裏切り行為だと思ったみたいだね。その記事が出たあと、地方大会が終わって曙さんや鈴木みのるとかみんなでメシを食ってる時に武藤さんから電話があった。向こうが言うには、責任を取って社長を辞めるから、俺も終わりにしてくれ、と。武藤さんは全日本に残るけど、俺は出て行けってこと。みんなもびっくりしてたよ。なにしろ電話一本だからね。常識を知らないよね。元子さんに言ったら『あんた堂々と記者会見をしなさい。どういうことでクビになるのか、全日本プロレスを辞めたのか、記者会見を開きなさい』とセッティングしてくれて。この会見も武藤さん本人にしてみたら頭にきてるのかもしれないけどね」

実は事件当日、TARUと平井の揉め事を仲裁したのは当の和田京平だった。だからこそ全日本の事件への対応は思うところが強かった。

「あのケンカを止めたのは俺だもん。武藤さんや役員は見て見ぬふりをして逃げていったんだよ。ケンカが起きてると聞いて『くわばら、くわばら』って奥に引っ込んでいったんだから。それで俺が見に行ってね、『もうそれぐらいにしておけ!』ってやめさせた。『ヘイト、謝れば終わりだよ!』って言ったら、ヘイトが『どうもすみませんでした』って謝ったんで『よし、これで終わり! なっ、TARU! みんなもオッケーだよな? もう終わり!』と。ヘイトの顔は血だらけだったから『お前、顔を洗ってこい!』と。それで、顔を洗ってきた平井が俺に頭を下げ、『京平さん、ありがとうございました』って言ったんで、『ああ、いい、いい。気にすんな。みんな、終わり、終わり』って。……でも、そのあとにアイツがぶっ倒れちゃって、悲しいかな、ああいう事件になった。そうしたら武藤敬司は知らん顔をしたでしょ。記者会見もやってないでしょ。社長たるものは記者会見するべきだし、このまま終わらせちゃダメだよね。それなのに悪口を言った、裏切りだよってことになって俺が辞めさせられたんだよね」

こうして全日本に長年にわたり尽くしてきた和田京平は、電話一本で王道のリングから追われることになってしまった。

「それこそ藁人形をつくって神社で釘を打ちたかったよ（苦笑）。元子さんを裏切るような形で全日本に尽くしたのに、そんな一言でクビにされるのかって。『あっ、こういう人なんだな』って仁義のない人たちの集まりだったなって。だからいくら頑張ったってこの人たちにはもう無理だなってわかった。馬場さんは一生懸命に尽くした者には何か返してくれるけど、この人に一生懸命尽くしても返ってこない。仁義というものが欠けてるんでね。

出ていった三沢たちとは全然違いますよ。三沢たちが出て行く時は俺がプッシュしたから。『三沢、もうお前のプロレスはできないんだから全日本はいいじゃん。お前の団体をつくれよ』って。これは馬場さんの遺言なんですよ。生前の馬場さんから『京平、俺はもういいや。三沢は三沢で新しいプロレスをやりゃいいよ。三沢プロレスをやればいいんだよ。ただ全日本プロレスの名前は使わせない。俺一代で終わりだ』という言葉を聞いてるんで。『三沢、新しいことやれば。俺は元子さんを守らなきゃいけないから残るけど、お前はお前で新しい団体をやってくれ。俺までお前のほうに行ったら元子さんがかわいそうだから、俺が元子さんの止め役になるから』

とね。俺があの時残ったから三沢たちは元子さんたちから訴えられなかったんですよ。社長や役員が会社を裏切って新しい会社をやることは、法律上できないはずなんですよ。周囲からアドバイスされて元子さんもそれを知っていた。元子さんは『私は彼らが生活できなくなるようなことはしたくない。だから私は訴えない』と言っていたんだけど、周りの人は『訴えたほうがいいよ』ってアドバイスしてたんです。もしあの時、俺も一緒に三沢と動いてたら、『京平まで裏切った！』と怒って訴えたかもしれない。元子さんはそこまで強硬手段に出ず、ノアが普通に興行ができることになったんだけど、普通に訴えれば彼らは路頭に迷うことになったと思う。

そういう仁義みたいなものが武藤さんたちの全日本にはなかったかなあ。やっぱりそこは全日本と新日本の違いですね。ごっちゃんタイプとごちそうするタイプの違いかな」

"リング上の武藤敬司"は素晴らしい

フリーとなった和田京平はあちこちの団体の試合を裁くこととなり、試合前のおなじみとなった「キョーヘー!!」というファンの掛け声はあちこちの会場にこだましていた。

「俺は全日本を離れてフリーになったら、『京平さん、ぜひレフェリーをやってください』というオファーが結構来たんだよ。みなさんから呼んでもらって助かった部分もあるけど、和田京平の名前で全然やっていけるなって。全日本じゃなくたって、別にどうってことねえよっていうのが俺の考えだったかな。俺がいるところが全日本プロレスだから。それくらいのプライドはありますよ」

和田京平不在の全日本には混乱が訪れた。12年11月、実業家の白石伸生氏が全日本の株式を取得してオーナーに就任するが、白石氏のFacebookに投稿された方針やプロレス観が物議を醸す内容で、ファンから反感を買い、選手たちとの信頼関係は失われていった。挙句の果てに武藤を中心とする新団体派と残留派に全日本は割れることになってしまった。

「全日本プロレスはみんな一生懸命にやってただろうけど、和田京平がいない団体なんてうまくいくわけねえじゃん。絶対に揉めるって。だって俺がいないんだもん。なにもしてないようで俺は裏では調整役だったから。なにかあるとあっちこっちで『まあまあ』ってなだめて回ってね。いろいろと揉めてると聞いて、まあそうなるよ、ざまあみろと思ったよ」

13年6月30日の両国大会を最後に武藤敬司は全日本退団となったが、この日、武藤は試合に出ることなく会場にも姿を現さなかった。一方、和田京平はこの大会で2年ぶりに全日本に復帰。武藤・全日本最後の試合となった諏訪魔vs秋山準を武藤にクビにされた男が裁くという皮肉なラストとなった。

「武藤敬司がいないんだから堂々と帰ってやるってことですよ。武藤敬司がいるなら帰らないよ。俺はたしかに2年近くいなかったけど、一方的に辞めさせられたわけだから。俺が出て行ったわけじゃない。なんの不義理もしたわけじゃないんでね。不義理したんだったら戻れないけど。だから堂々と帰ってきましたよ。ウェルカムでみんな喜んでくれたけど。
戻るきっかけは、あれは鈴木健想からいきなり電話がきて『京平さん、お話があります。ぜひ会ってほしい人がいます』ってことで、白石さんと初めて会ったんだよ。『京平さんの手を借りたい。全日本を続けたいです』と。秋山や諏訪魔たちは全日本に残って、WRESTLE－1に行った連中と別れたんだけど。結局WRESTLE－1は何年続いたの？ってことでさ。そこがすべてじゃないですか」

このように経営者・武藤敬司に対してはにべもない評価だが、レフェリーとしてプロレスラー武藤敬司をどのように見ていたのか。辛口だった和田京平の口調は一転して唸り声を上げた。
「武藤さんに敵う人はいないですよ、馬場さんや猪木さんを除いてね。リング上の武藤敬司は素晴らしいですよ。リングを降りるとグレート・ムタになって、変なことをやっちゃうんだけどね（苦笑）。なんでプロレスはあんなにすごいのに、裏にまわると違うことをやるんだって。『ああ、グレート・ムタになっちゃったよ』って。

裁いていて楽しいのは武藤敬司の試合。もうプロフェッショナルですよ。だって突拍子もないことをやるから。俺は試合中、『このレスラーはこうやりたいんだろうな』と思って邪魔な所にはいないんですよ。だけど武藤敬司は『こっちに来ないだろうな……』と思ったほうに向かってくる。試合中に、恐ろしい人だなと思ったもんだよ。考え方が他のレスラーとは全然違うなって。もう上手だよね。

あと俺にレフェリングをさせたがらなかったよ。なぜかというと俺が目立っちゃうから。『京平さん、俺の試合はレフェリーやらなくていいから』って言われたんで『なんで？』って聞いたら、リングコールの時の観客の『キョーヘー！』があるでしょ。あれで自分が目立たなくなっちゃうから嫌だったんだと思います。だって声援だけ聞いたら『京平さんのほうが人気あんじゃんよ』ってなるじゃない。たとえば武藤さんの引退試合の時に『キョーヘー！』ってコールが起きたら『俺が引退するのになんだよ？』ってなるでしょ。あとは渕正信ともやらなかった。渕がおいしいところを持っていっちゃうから。武藤さんはそうやって何かを見切るのがものすごくうまいですよ。プロレス勘ってやつなのかな」

俺を辞めさせたと思ってないのが武藤敬司

武藤は60歳まで現役を続けることができたが、両ヒザを酷使したことで人工関節置換手術が施されている。満身創痍のままリングに上がる武藤の姿を見て、和田京平はジャイアント馬場の言葉が頭をよぎった。

「やっぱりムーンサルトプレスをやってるヤツは長持ちしませんよねぇ。『ムーンサルトはあまりやるな』っていうのが馬場さんの教え。小橋建太がムーンサルトをやっていた時に馬場さんは『小橋、ヒザが悪くなるからムーンサルトをやめろ』って言っても、小橋は毎日使ったことでやっぱりヒザをおかしくしたし、武藤さんもダメになった。軽いレスラーじゃなくてあんなヘビー級がムーンサルトをやるっていうのはどれだけ負担がかかることか。体がボロボロで引退っていうのはわかりますよね。それだけの技をやっていたんだから。

でも、考え方によっちゃ早すぎるよね。グレート小鹿を見なよ。俺が若いレスラーにアドバイスをする時は『小鹿さんを見習え』って口にすると、『なんでですか？』って聞かれるから『小鹿さんが受け身を取ったのを見たことがあるか？』って言う。別に受け身を取らなくたってお客は沸かせられるんですよ。それがいまの若い人たちはなんでもかんでも技を出すからうまく伝えられない。小鹿さんはニードロップとアイアンクローだけであれだけ保ってるわけだから。俺は小鹿さんを変にけなしてるわけじゃなくて、小鹿さんのよさはそこなんだよ。いまだに現役でやってる小鹿さんは素晴らしいと思うよ。だけど、みんなはそれを真似できないというか、やっぱり動いてないと観客のリアクションが怖いんだろうね。歓声なんかあとでいいじゃないの？って俺は思うんだけど。観客がうんともすんとも言わない動きから始まって、そこから徐々に盛り上げていくのがプロレスだと思うんだけど、いまの人たちはいきなり盛り上げようとするから」

全日本に復帰した和田京平は、入れ違いとなった武藤とは意外な場所で再会を果たしている。

「武藤さんのスポンサー的な人が東京で入院してて、俺がお見舞いに行ったら武藤さんも来ててばったり会っちゃったんだよね。嫌だなと思ったけど、その人の顔を潰すわけにはいかないから。『京平さん、武藤さんと一緒に写真を撮ろうよ』って頼まれたから写真も撮ってね。周りから見ると『なんで武藤敬司と和田京平が？』って話だけど、たぶんその人も気を遣って俺たちを和解させたかったんだと思うよ。それから何回か顔を合わせる機会があって、なぜかＷＲＥＳＴＬＥ－１でも１回レフェリーをやった。みんなはびっくりしたと思ったんだろうけど、もう別で会ってるしね。

面白いもので、ケンカにはならないから。それに武藤さん、俺を辞めさせたことをわかってないよ。下手したら『えっ、俺が辞めさせたの？』なんて言うよ。『そうだっけ？ 俺、忘れてたよ』みたいな（笑）。もしかしたらこの記事を読んでも、『あっ、京平さんは俺が辞めさせたと思ってるんだ』って受け止めるかもしれないね。『京平さんは俺の悪口ばっかり言ってんじゃん』『そりゃそうだよ。あんたは俺を辞めさせたんだから』という話なんだけど。俺を辞めさせたと思ってないのが武藤敬司という人です」

和田京平は武藤の人間性から、このまま本当に引退するのかを冗談交じりに訝る。

「でも、ホントにやめるのかなって。『いや、まだ黒師無双があるよ』って復帰してくるんじゃないのかな。俺はそう思うんだけどなあ。それが武藤敬司だと思うんだよね。俺はやめないでほしいなって。だって武藤敬司のプロレスは好きなんでね。でも、裏にまわるとグレート・ムタになっちゃうんだよなあ。それと周りがムタにさせちゃうから。周りは武藤敬司よりグレート・ムタのほうが好きなんじゃないかな。まあ、そこも含め手武藤さんの魅力かもしれないけど、俺はあのグレート・ムタは嫌いだよ（笑）」

2011年6月7日に全日本の社長を辞任した武藤は、6月12日、後楽園ホールでの内田雅之新社長の挨拶に姿を現した

すべて話す！　スーパー・ヘイト暴行事件の真相

2005年11月28日、武藤敬司vs TARU戦（いわき市立総合体育館）

証言

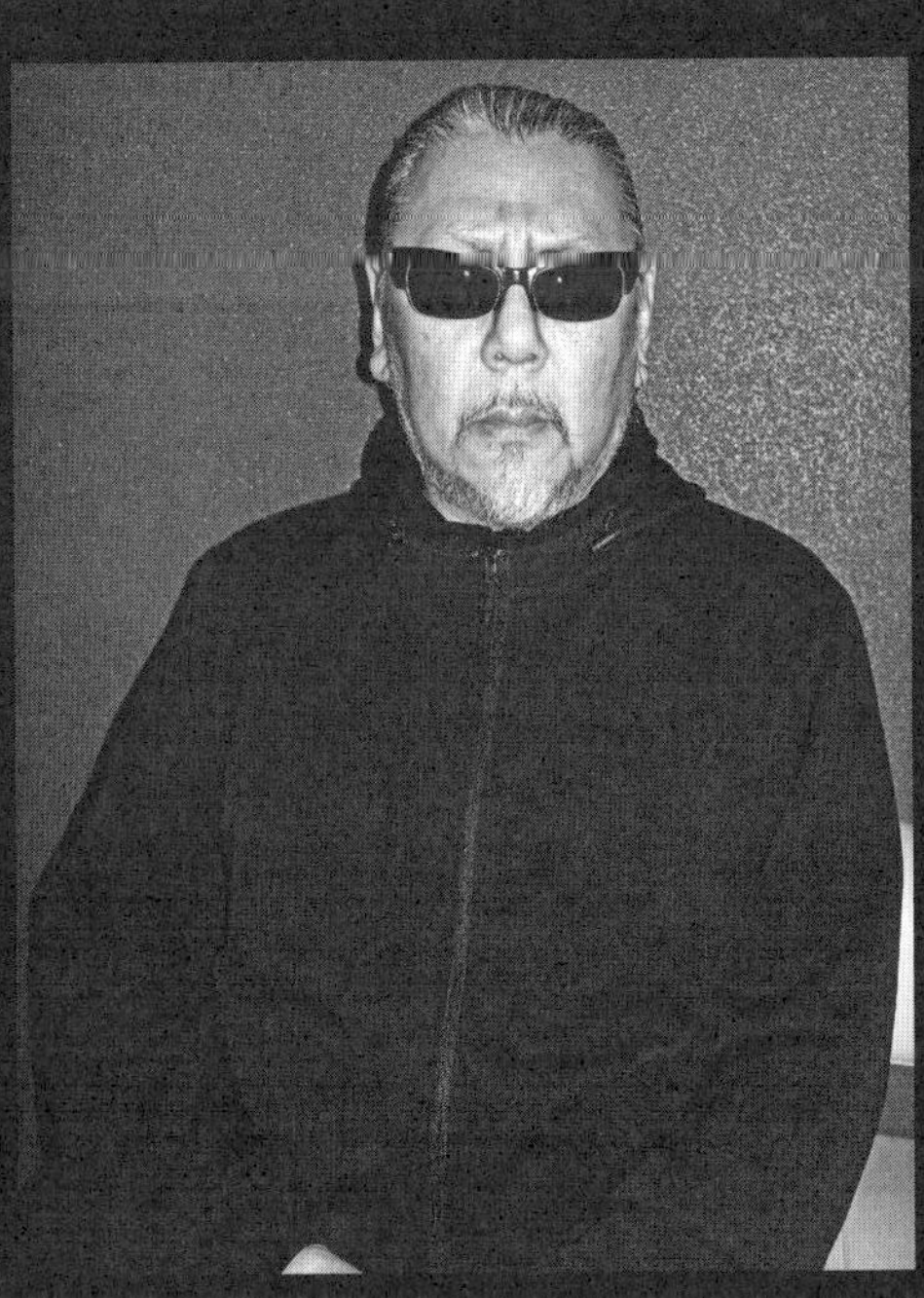

PROFILE

TARU たる●1964年、兵庫県生まれ。96年、WARで北尾光司率いる武輝道場の一員としてデビュー。その後、闘龍門、ドラゴンゲートでヒールとして頭角を現す。2005年から全日本プロレスに参戦し、近藤修司、"brother"YASSHIらとヒールユニット「ブードゥー・マーダーズ」を結成。武藤敬司を標的に暴れ回り、04年度プロレス大賞の最優秀タッグチーム賞を受賞。11年5月に起こったスーパー・ヘイト暴行事件で無期限での出場自粛を発表。2013年、復帰。現在は全日本を中心に活躍中。

取材・文●早川満

「もともとは北尾光司の弟子として、武輝道場にいた関係で天龍（源一郎）さんのＷＡＲに出ていて、そこにウルティモ・ドラゴンが参戦してたんですね。武輝道場は空手がベースで立ち技しかやっていなくて投げとか寝技はまったくだったから、その時にいわゆるプロレスを教えてもらおうということでウルティモ・ドラゴンにお願いして、それで自分はメキシコに渡ったんです。そこで『タルさんは顔がヒールだから』って言われたのがヒールレスラーＴＡＲＵの始まりです。

メキシコのルチャリブレを日本に持ってきた闘龍門（２００４年よりドラゴンゲート）ではクレイジー・マックスというチームでやっていました。でもだんだんと年齢的にも肉体的にも飛んだり跳ねたりはやれないなあとなって、団体の経営方針や考え方が変わってきたこともあったりして、04年に辞めました。そのタイミングで当時の全日本プロレスの人から『全日本で、武藤をひっくり返すような敵役になるヤツはいないか』というお話が、まずウルティモ・ドラゴンのところに来たんです。それで『うってつけのレスラーがいますよ』ということで、自分が紹介された。

それが全日本に上がるきっかけで、05年の正月、新春ジャイアントシリーズで乱入していったんです。そこでまず、マスクマンの『ＧＲＥＡＴ　ＭＵＴＡ』としてやっていたジョニー・スタンボリーというヤツと組んで、それからもう一人、チャック・パルンボも加わりました。それでユニット名を決めようやということになって、『ブードゥー・マーダーズ』という名前になったんです。

ブードゥー・マーダーズの命名については完全に自分らにお任せで、武藤さんがどういうふうに感じていたかはわからないですね。まあ偉い方やブッカーとかが、なんやかんやとヒントはくれて、あんな名前はどうや、こんな名前はどうやという話はしてきましたけど、決めたのは自分です。会社からの押しつけとかはなかったし、あっても自分は拒否します。自分のユニットをつくるのに他人の意見なんて聞きたくないんで。

全日本に入ってからは、標的を武藤一本に絞って、それで名前が上がったというのはあります。武藤をこき下ろすことが自分らの仕事というか、それがいちばん手っ取り早いなというのがあったんで、試合が組まれていなくても武藤の試合に乱入したりしてました。

武藤さんが『コイツらおもしろい』と思ったかどうかはわからない。そういうことを直接話したことはないんで。でもまあ武藤さんは性格的に何事にも面倒くさがりなんで、たぶんマッチメイクなんかにしても誰か別の人が決めていたんだと思いますよ。『誰とやってもいい試合ができる』っていう自信もあるでしょうし」

森喜朗元首相の胸元を掴んでもおとがめなし

05年11月19日、東京・国立代々木競技場第二体育館ではグレート・ムタvsグレート・ルタのシングルマッチが行われた。顔面にペイントを施してルタに扮したTARUはムーンサルト・プレスからの体固めで敗れたが、毒霧攻撃などでムタを翻弄(ほんろう)した。

「グレート・ルタというのは闘龍門時代にやっていたんです。最弱レスラーのストーカー市川というのがいたんですけど、闘龍門のなかでいちばん体のデカい自分と最弱の市川ということでおもしろおかしく試合をやっていたんですよ。その時に市川がいろいろと変身をするわけですが、自分も変身してグレート・ルタというのをやったんですね。それで全日本にはムタがいるからルタで勝負しようかとなった。これも自分から提案したもので、すんなり『ムタ対ルタはおもしろいんじゃないか』となった。この頃は言った者勝ち、やった者勝ちみたいな感じで『ヒールだからなんでもやったらええわ』ってことでやってました。いまでこそコンプライアンスやらなんやらとありますけど、その当時は関係なくガンガン行ってましたね」

ブードゥー・マーダーズはヒールユニットとしてその地位を確立。ジャイアント・バーナードなど一線級の外国人選手はもとより、時には小島聡などの日本人選手も加わるなど、その勢力を拡大していった。TARUは世界タッグ王座（パートナーは小島聡）やアジアタッグ王座（パートナーはビッグ・ダディ・ブードゥー）などを獲得。04年度のプロレス大賞では諏訪魔、近藤修司、〝brother〟YASSHIとともに最優秀タッグチーム賞に選ばれた。

06年8月27日、「プロレスLOVE in両国」で行われた馳浩の引退記念特別試合の、馳、小島聡、中嶋勝彦vsTARU、諏訪魔、〝brother〟YASSHIで、TARUは場外乱闘の際に、観戦に訪れていた森喜朗元首相の胸元に掴みかかった。森元首相は自ら椅子を手に取って応戦の姿勢をみせるなどノリノリの様子も見せたが、取り巻きたちの表情は引きつっていた……。

「この時も、武藤さんは何も言わなかったけど、大迷惑をかけたと思いますよ。それでも試合後は、誰からも文句をつけられることもなければお叱りもなかった。たぶん全日本が全部抑えてくれたんでしょう。だけど会社の上の人たちは全員、森さんの関係者からものすごく怒られたんじゃないかな。それでも自分には何ひとつ言ってこない。責任を自分になすりつけないような会社体系はすごいなと思いましたね、ヒールがヒールであるために、自由にヒールとしてやっていける状況をつくってくれていました。

ある程度、会社の上のほうからは『今度はこんな感じの試合を』という要望はありますよ。『アイツとやりたいか』『やってみないか』とかはありますけど、リング上に関してはほとんどすべて自分に任せてもらっていましたね。

プロレス大賞については最優秀タッグチーム賞を受賞したことよりも、武藤・全日本にスター候補生として入ってきた諏訪魔(諏訪間幸平)をブードゥーに入れて、ヒールに染めたことで諏訪魔が目立ってきたことのほうが『仕事ができたな』という満足感がありました。それがいまの全日本にもつながっているし、あれがあったからこそヒールとベビーの図式というのをはっきりさせたというのがあったので」

名物カードとなったブードゥー・マーダーズvs武藤軍

ヒールとして全日本マットを席巻したブードゥー・マーダーズだったが、TARU自身、プロレスはそんなに好きではないという。プロレスの試合を熱心に見るタイプではなく、プロレス技も多くは知らない。ヒールとしてのアイディアは、造詣の深い映画や小説の世界をプロレスに置き換えて、「これはおもしろいかなあ」「おもしろくないかなあ」という考え方から生み出していた。

「ヒールはそういう発想力でやっていました。興行の全体の構図を見て『こういう結末にするためには、ここに、こんな色を着けていったら面白くなる』という見方をするんですね。

武藤さんもよくパッケージプロレスと言っていたけど、まさにそれです。興行って、やっぱりお客さんが高いお金を払って見に来るわけじゃないですか。そこで『前座があって、笑いがあって、泣けるような試合があって、最後はスカッとする』といった起承転結、喜怒哀楽をはっきりとひとつのストーリーとして見せる。そういうのってどんな映画にも小説にもあることで、それを武藤さんがパッケージプロレスということでやり出した。そのことは日本のプロレス業界にとって大きかったと思います。

そうすることでお客さんが入るとかそういう数字の面については『自分は経営は関係ないから』って知らない感じでやってたんですけど、雑誌とかを見ても全日本も話題になってきたなあっていうのは感じていました。まだいまほどSNSが発達していなかったから直接の反響はわからなかったけど、自分らのやっていることに自信を持ってましたね。

ブードゥー・マーダーズvs武藤軍というのは、ひとつの名物カードとして、商売として成り立っていたんだろうとは思います。自分らとしては、こういうふうに自由にやらしてもらってる全日本や武藤敬司に対しての、ヒールなりのお返しというか感謝の気持ちで大暴れをさせてもらっていました。

メンバーもすごかったですよ。当時のWWEやWCWのスター外国人選手が入れ替わり立ち替わりで加わってきて、自分としてもジャイアント馬場さんの時代の『外国人王国・全日本』を再現したいという気持ちでやってました。

リング外で武藤さんと直接しゃべった記憶はほとんどありません。たまに大きなスポンサーさんが全選手を呼んでの食事会を開いた時なんかは顔を合わせたりもしたけど、その時だって自分らは武藤さんとは反対側の端っこにいて、隣同士で話すことはない。まあそこはヒールとベビーをごっちゃにしたくないというのがあったんでしょう。

でもしゃべらなくても『通じてるな』というのは感じていて、自分が言わなくてもたぶん武藤さんはわかってくれているやろなという意識はありました。実際にもちゃんと受け入れてくれているし、しゃべらなくてもわかるんじゃないかなってずっと思ってました」

シャイニング・ウィザードを最も受けたTARU

武藤のシャイニング・ウィザードを最も受けたのは自分だとTARUは自負する。顔の形が変わるぐらいに受けまくった。シャイニング・ウィザードの初公開は01年1月28日の全日本での太陽ケア戦（東京ドーム）。武藤の新日本退団の前年ということもあり、TARUの主張も間違っていないだろう。

「武藤さんはあの頃、体重が120キロぐらいあったじゃないですか。それがヒザに集中して一気にガンってきた時の衝撃は、首がもっていかれますから、あれは本当に受け身をしっかりしないと危ない。自分も年を取ったんで、もしいま受けろって言われても怖くてよう受けないですね。最初に見た時は『なんやあれ、ただの膝蹴りじゃないか』って思いましたけど、武藤さんがやる分には、あれが世界に通用する技になっているんだからやっぱりすごいもんだと思いますよ。

身にまとう空気感が他のレスラーとは違ってますからね。しぐさ、表情、間の取り方。たとえばモノマネされるぐらいのダサいリアクションでも、武藤さんがやれば流行りになっちゃう。そこはやっぱり天才ですよね。同じようなことを自分らがやったらバカにされそうだけど、武藤さんがやったら指を曲げるだけでもそれが『武藤敬司のプロレスラブポーズだ』っていうことになる。入場してくる時も、テーマソングから始まって一つひとつに味があって何回見ても飽きない。これがカリスマの条件だと思いますよ。『お前、もう見飽きたわ』って言われたらダメなんです。

リング上から見ていて『さすが』と思うこともありました。技の受け方とか逃がし方が巧い。あの動きが計算されたものなのかもよくわからないんだけど、ついさっきまで歩けなかった人がリングに上がると『嘘ちゃうか』ってぐらいに走り回る。だけどヒザには20個ぐらいネズミがあって、それを取った時の手術も見ましたし、やっぱりあの人は真のプロレスラーなんでしょうね」

試合後に急性硬膜下出血腫で救急搬送されたヘイト

11年5月29日、神戸大会に出場したブードゥー・マーダーズのメンバー、スーパー・ヘイト（平井伸和）が、試合後のインタビュー中に倒れて神戸市内の病院へ救急搬送。「急性硬膜下血腫」の診断が下された。TARUは6月1日の記者会見において「試合当日にスーパー・ヘイトを数発殴打した」として無期限での出場自粛を発表。6月7日には、事件の責任を取って武藤も全日本プロレス代表取締役社長を辞任した。TARUは同年12月13日、神戸簡易裁判所に暴行罪で起訴され、罰金30万円の略式命令を受けた。

「いままでは、この話は墓場まで持って行こうと思ってました。なんでかって言ったら、ヒールが泣きごとや言い訳がましいことを言うのはよくないなと思っていたんです。だけど自分ももうプロレスは来年（23年）ぐらいで最後やと思っていて、最後やからすべてを話したほうがええんかなと思って今回の取材を受けたんです。

どういうことかというと、ヘイトの事件は内輪揉めの話であって、自分が責任を取って全日本を辞めれば終わることだと思っていたんですよ。だからことが起きてから3日後に無期限の出場停止ということで記者会見もしたんです。

その時にマスコミさんとか周りの方々が話を大きくしていって、自分も最初は『面白いんやったら取り上げてもらったほうがええやろ』って思ってたんですね。自分のキャラクターとしても、面白いから書きなさいと。その頃、東スポさんの担当がずっと信頼関係のある記者だったから、このネタをすっぱ抜いて持っていきなって。俺はヒールやからそれもしょうがないと思っているから書けっていう話をしたんですよ。ヒールの俺が暴行を働いたというイメージでやったほうが新聞や雑誌も売れるやろうって。

だけどそれを真に受けたファンが騒ぎ立てて、警察も動かなければいけないってことになった。それで一応5カ月後に逮捕はされたんですけど、警察も『あまりにも世間の声がうるさいからちょっと話を聞かせてくれるか』っていうことで来たわけです。ですが、いろいろ調べても何も出てこない。自分が殴ったこととスーパー・ヘイトの病状には因果関係もなにもない。急性硬膜下血腫の直接の原因でもないことは警察もわかっていた。

だけどあの時は、なぜ殴ったか、ということを言えなかったんですね。ヒール同士が内輪揉めをしてパーンと平手で殴ったぐらいで入院して手術までしたってなったら、じゃあプロレスの試合でやってることはなんなの?ってなるじゃないですか。平手くらいでヘイトがケガをしたとなったらプロレスラーとしての恥やから、自分は黙ってたんです。自分の胸ひとつで抑えておこうと思っていた。

殴った理由はあるんですよ。理由の詳細だけはいろんな人の名誉のために言えないんですが、事件当日ある選手に、ヘイトがプロレス関係者に人として許されないようなことをしていると相談され、それが事実なのか裏を取ったんです。たしかに人として許されないことをしていたことがわかり、それで神戸の試合会場に着いて控室で緊急ミーティングをしたんです。その時、ヘイトの態度に反省の色が見られなかったため、チームのリーダーである自分はヘイトの目を冷まさせようと思ったんです。

それは警察もわかっていて、それでも手を出した以上は暴行で逮捕されたのも仕方のないことだし、略式で終わろうという形になった。罰金の30万円はもちろん自分が払いました」

武藤さんが社長を辞任するとは思っていなかった

事件から3日後にTARUが会見を開いたにもかかわらず、マスコミの過剰報道によって沈静化とはほど遠い状況になっていった。多くのファンが「全日本が会社ぐるみで問題を隠ぺいしている」と疑念を抱くようになり、全日本、武藤敬司の責任追求へと問題は進んでいった。

「その後、ヘイトが開頭手術をしたこともあって、自分らブードゥー・マーダーズがスーパー・ヘイトを集団でリンチしたみたいな話にまでなってしまった。それはある意味しょうがないことではあったんです。最初にそういうふうな書かれ方をしたわけだから。でも自分としてはヒールをやっていた責任者として責任を取ろうと思って会見をしたのに、自分が一人で出て行ったことを逆の意味に受け取られて『武藤は何をしているんだ』みたいなことになってしまった。『社長が謝罪するのが先だろう』『全日本は会社としてなっていない』『全日本は、TARUを尻尾切りして事件を終わらせようとしている』なんて話にまでなってしまった。

最初は会社の人たちも『TARUが責任を持つから、武藤さんはいいよ』という話をしていたはずなんですよ。でもまあ結局『社長だから責任を負うのはしょうがない』ということで、そこは武藤さんも潔く受け入れた。

スーパー・ヘイトが倒れて自分が記者会見をする3日の間に、『なにか口裏合わせでもしていたんじゃないか』なんて勘繰られたりしました。

だけど会見までに3日かかったのは、自分が神戸の入院先に通ってたからなんです。それで、その時は向こうの親御さんに『すいません』といって話をしたら『わかった』というようなことだったんですけど、その後の報道で自分がとんでもないことをした犯人みたいになっているから、向こうの親御さんも『えっ？　これはどういうことだ』ってなって訴えてきた。

自分がベビーだったら、そういうことに対しても『いや、実は違うんです』って言えるんですけど、ヒールやのにいちいち言い訳をするのも嫌だったし、スーパー・ヘイトも同じチームじゃないかって気持ちもあった。だからヒールとしての役割を貫き通すつもりだったんです。

ブードゥー・マーダーズの解散は、全日本の取締役の人と話して、全日本に迷惑をかけてしまったんだから、無期限出場停止と解散をセットでやるしかしょうがないということになった。自分自身は実際にやったことと刑事事件になっている内容とのつり合いが取れていないことはわかっていたんですけどね。警察の調べた結果として傷害罪にもなにもなっていませんし。

だけどその時、同じ控室にいて出場停止になったブードゥーの他のメンバーには申し訳なくて。そこも自分が責任を取るべきだったと思うんですけど、まあ周りの人もいろいろなことを言ってきてチーム全体で責任を取るということになったんでしょう。一緒にいて、現場も見ていたんだからしょうがないと。

だけど武藤さんが社長を辞めるまでのことになるとは、正直なところまったく思ってなかったです。自分さえ辞めたら問題なく武藤さんの全日本は続いていくだろうという考えだったんです。

開頭手術にまでなったというんだけど、スーパー・ヘイトはその前の熊本大会かどこかで頭を縫うぐらいのケガをしてるんですよ。試合中に何回も頭を打って、割れた傷にテープを貼って試合をしていた。それにヘイトが倒れたのは自分らと揉めてから何時間後かなあ。揉めたあとに試合もしていたんです。それで倒れたというから、こっちも『えー?』ってなった。実際にはなにが原因で倒れたのかはわからない。一回のことではなくてダメージの蓄積によるものだったかもしれない。とはいえ、自分が殴ったことが原因とも思えない。それが原因ならその場で倒れていると思うので。

なんにしても、そんなことになって申し訳ないなっていう気持ちで2年近くプロレス活動を自粛していました。その間はプロレス関連のことはなにもやっていませんでした」

ヘイトが戻ってきた時のためにブードゥーは解散しない

13年1月、前年に〝brother〟YASSHIにより再結成が発表された新生ブードゥー・マーダーズにTARUは合流し、健介オフィスが運営するダイヤモンド・リングに参戦。19年9月1日、横浜文化体育館大会で行われた「武藤敬司デビュー35周年記念試合」では近藤修司、ゾディアックと組んで、武藤敬司、カズ・ハヤシ、ペガソ・イルミナルと6人タッグで対戦した。

「自分としては復帰をするつもりはなかったんですけど、もともとのメンバーたちから『なにも大したことはしていないんだから、もう一回やりませんか』というような話があったんで、じゃあ復帰に向けて動こうとなった。逃げるのも嫌だったし、スーパー・ヘイトがいつ戻ってくるかもわからない。ヘイトが戻ってきた時のためにも、もう一回ブードゥーをやろうという気持ちになったんです。絶対にまた戻ってくると思っているから、今日の今日までブードゥーをやっているんですよ。解散してもええユニットなんですけど、でも自分はヘイトが戻ってくるまでブードゥーをやめないと誓っているからいまでも続けているんです。

事件のあとに武藤さんと話したのは、ある地方の興行に参戦した時に、武藤さんがたまたまいたから『あっ、武藤さんだ』と思って、これは人として謝っとかなということで『すみませんでした』と。そしたら武藤さんは『おう！　気にすんな』ぐらいのことで、まあそんな感じですよ。

武藤さんは社長を辞めた時だって、悩んだり怒ったりっていうのはまったくなかったんじゃないですか？　少なくとも自分のところにはそういう話は伝わってこなかったし、武藤さんの普段からの感じやったら誹謗中傷みたいなことを言われても『あ〜、面倒くさい』というような感じで過ごしていたんじゃないかとは思いますね。

横浜のデビュー35周年試合の時も武藤さんと話はしていないです。横浜文体って控室も離れているし、呼んでくれたのもあの時に仕切っていた他の選手だったから。35周年のお祝いに菊の花を持って行って、それで武藤さんをどついてマイクでしゃべっただけ。もちろん感謝の気持ちはあったんですけど、ブードゥー的にはやっぱり菊の花でお祝いしようと。それが一番の感謝やなと思って。そこは武藤さんにもわかってもらえたかなと思います。

もし、武藤さんの引退試合に立ち会えた時は、菊の花束を投げつけたろかな。ごぼうの党の人と見た目が似ているってよく言われるし、丁度いいかもしれませんね（笑）」

武藤さんからの忘れられない言葉、「プロレスは浪花節」

2013年7月5日、全日本プロレス新体制会見（東京ドームホテル）

証言

諏訪魔

PROFILE

諏訪魔 すわま●1976年、神奈川県生まれ。中央大学進学後にレスリングを始め、2003年、全日本選抜選手権のフリースタイル120キロ級で優勝。翌04年に馳浩のスカウトで全日本プロレスに入門。デビュー戦を馳と戦い、武藤敬司とタッグを組むなどエース候補として活躍していたが、06年、ブードゥー・マーダーズ入りしヒールに。08年にはデビューから最短でチャンピオン・カーニバル優勝、三冠ヘビー級王座戴冠を成し遂げた。13年に武藤が全日本を離脱したあとも残留し、新生全日本のエースに。8度の三冠ヘビー級王座戴冠という歴代最多記録を持つ。

取材・文●丸井乙生

2022年6月12日。昭和から平成にかけてスターに君臨した武藤敬司が引退を発表した。サイバーファイトに属する4団体の合同興行「サイバーファイトフェスティバル2022」でマイクを持ち、「かつて、プロレスはゴールのないマラソンと言った自分ですが、来年（23年）の春までに引退します」と自らの口で引退を明言。さいたまスーパーアリーナは異様な雰囲気に包まれた。

まだ魔の世界に堕ちる前の「諏訪間幸平」時代に武藤の付き人を務めた諏訪魔は、その一報を驚きをもって受け止めていた。

「さすがの俺も、『ええっ』となったなあ。もうずっと現役でやるんじゃないのって思っていたからね。俺が知るかぎり、プロレスのことが大好きな人だから、やめねえだろと思ってた。引退するなんて想像がつかない。『なんで？』『あんなにプロレスが好きな人がやめんのか』っていう気持ちだね。（武藤は）24時間プロレスのことしか考えてない。練習してるか、飯食って酒飲んでる時も、常にプロレスのことしか考えていない。引退してプロレスを考えていない姿なんて想像できないね」

俺の根幹をつくってくれた〝すげえ人〟

諏訪魔は04年、中央大学レスリング部を経て、企業のアマレス部から全日本プロレス入りした。ジャンボ鶴田と同じ中央大学レスリング部出身であることから、「ネクスト・ジャンボ」の期待が高かった。根っからのプロレスファンであり、全日本ファンでもあった。

「幼稚園の頃かな。（当時好きだった選手は）ジャンボ鶴田、天龍源一郎、スタン・ハンセン、ブルーザー・ブロディの4人。この4人は絶対だね。全日本のあの〝間〟が好きで。強そうだし、でけえし」

期待の新人は入団と同時に、当時社長に就任していた武藤の付き人となった。まさに、英才教育の一環といえるだろう。幾度も三沢光晴vsジャンボ鶴田を見て熱狂した青年は、稀代の名選手・武藤の一挙手一投足に目を奪われていく。なにより、武藤が標榜する「プロレスLOVE」に驚かされた。

「とにかく街に出ればみんな誰でも知ってるし、常にすげえいいもん食うし、すげえ特別な酒飲むし、銀座のすげえ所とか……全国各地ですげえ所にしか行ってないな。付き人だから連れて行ってもらって、同じもん食わせてもらうわけで。そんな姿を見たあとに、しっかりプロレスの話をしてくれる。夢を語る。スターというものを見た感じがしたよ。すげえ人（武藤）と会ってるわけだから、すげえ人はこういうふうに話をするんだなっていうものを見たよ。礎というか、土台というか、俺の根幹をつくってくれた感じがする」

かつての諏訪魔もまた、プロレス界に夢を持って飛び込んだ若者だった。04年10・11後楽園ホール大会の馳浩戦でデビューを果たしたが、のちに入団1年半にして、早々と悪のユニット「ブードゥー・マーダーズ」入りして暴走を開始。それでも、武藤と濃密に接した時間は諏訪魔の血肉となっているという。

師匠から言われたなかで、忘れられない言葉がある。「プロレスは浪花節」。プロレスは人生の春夏秋冬を見せるもの、と捉える武藤の言葉は、当時20代だった「諏訪間幸平」の脳裏に焼きついた。

「『プロレスは浪花節』は、まさにそのとおり。いまは浪花節でプロレスをやっているレスラーが少ないから、余計に貴重な意見なんだなって思うよね。いまこの瞬間は、その場、その時の光ることしか見てないんだけど、そうじゃなくてもっと長いスパンで違う視点、高い視点から見るというか。プロレスは大河ドラマなんだなっていうのはよくわかるよ」

スパッといいとこを持っていく嗅覚がすごい人

闘魂三銃士は三者三様、全員心が自由なタイプ。約束の時間に2時間遅刻する〝黒の総帥〞蝶野正洋が一番の常識人といわれ、〝破壊王〞橋本真也は優しさ1割、ハチャメチャな発想力9割で付き人をほんろうした。そして〝天才〞武藤はといえば、付き人やスタッフにもフランクに接してくれる。大学の体育会出身で、厳しい上下関係も知る諏訪魔にとって、武藤のフランクさは驚いたことのひとつでもあった。

「自由というか、昔からのしきたりみたいなものを嫌う人。あの人にはなんか堅苦しい、変な上下関係みたいなものもない。付き人時代も、すごく自由な感じだった。アットホームで、フランクに接してもらえるんだなって。当時若かった俺にとっては、喜びだったかもしれない。本当にすごいプロレスラーだから、おっかねえのかなと思うけど、まったくそんなことはない。俺の中での初めての体験なんだよね。ここまで大先輩、師匠である人が、後輩にこんなフランクに接してくれていいの？っていう。対応が体育会じゃないよね。そこはすごく驚いたな」

元付き人だからこそ言える、あえて「実はここはちょっと気にしてほしかった」という点はあったのか。

「もう何から何までたくさんある。試合にしても、組んだらたくさん働かされたし、いっぱい受け身を取らされた（笑）。それでいて、試合が終わるとすぐ『練習に行くぞ』とか、とにかく振り回されたよ。最後は勝手に全日本を出てっちゃうし。いまとなっては笑い話だけど、『自分のこと以外も考えてくれよ』『会社のことも考えてくれよ』っていう（笑）。わがままという捉え方もあるけど、ここぞという時にスパッといいとこを持っていく人。その嗅覚はすごかったね」

武藤がキメると映えに映える「プロレスLOVE」ポーズ。ためらいのある選手や、我々一般人が真似してみると、手がキツネになってしまったり、照れが入ってしまったり、武藤ほどのカッコよさを醸し出すことは至難の業だ。日本マット界ではかねてより、ジャンボ鶴田の「オー」などの定番ポーズはあったが、諏訪魔は本格的に各選手が「オリジナル・ポーズ」を持つ文化を日本に根づかせたのは、海外で活躍した武藤ではないかとみている。

「リング上で、しかも大観衆の前で。決めポーズが様（さま）になる男はなかなかいない。そういう決めポーズも『なんかかっこいい』と感じさせるよね。いまのプロレスでは各選手に独自のポーズがあることは主流なのかもしれないけど、そこも先駆けていた部分があったのかなって。いろんな選手がそれぞれのポーズを取るという文化を日本にもたらしたかもしれないよね」

武藤に学んだ「なんとかなんだろう」の精神

入門から5年目の08年4・29には、デビューから当時最短記録となる三冠ヘビー級王者に輝いた。チャンピオンを争う存在にのし上がったが、団体の騒動に否が応でも巻き込まれていく。11年に武藤はスーパー・ヘイト暴行事件で社長を引責辞任、翌12年には傾いた財政を立て直すべく、スピードパートナーズの白石伸生氏がオーナーとなり、現場を仕切る武藤と、自分の理想を実現しようと考える白石氏との間で溝が深まっていった。そして、13年5月末をもって、武藤は選手契約も解除。02年に新日本から電撃移籍した〝桃源郷〟全日本を去った。諏訪魔にとっては、青天の霹靂（へきれき）だったという。

「（当時は）まあショック、もうびっくりした。こんなゴタゴタが自分の身に降りかかってくるのかと。（最初に聞いたのは）どっかの大会だな。みんな集められて、辞める、抜けるという話を聞いた。（離脱するのではという）そういう雰囲気が出ていたとしても、まったくわからなかったから、『えぇっ』てなった。（選手同士でも）そわそわしたね。俺は全日本が好きで入ってきてるから、もうやるしかねえって（残留を決める気持ちに）なっていた。単純に全日本が大好きだったこともあるし、生活の一部になっていたから。

当然、師匠との別れもあるわけで、そこは当時の俺にとっては悲しい部分もたしかにあったよ。どっちに行くかっていう悩みはなかったけど、他の人がいろいろ考えてる様子を見ると、将来どうなるんだと考えさせられる部分はあったな」

武藤は13年9月、新団体「WRESTLE－1」を旗揚げした。主要スタッフも武藤とともに退団したことで、選手である諏訪魔も全日本の大会運営に携わらざるを得なくなった。

「全日本の中は、残った人間でやろうぜっていう感じでものすごく燃えてたね。雰囲気はよかった。ただ、天と地がひっくり返るくらいすべてが一気に変わったのは覚えてる。大変だったよ。大会運営をする人もいないわけで、資料もなにもかも全部ないんだから、そっからどうするんだって。プレスリリースにしても、広報もいないわけだし、どうするんだっていうところから始まってるから。

大会全体を見なきゃいけない。選手のことも考えなきゃいけない。スタッフもみなきゃいけない。スタッフの数は足りないから、自分が率先してスタッフのほうにも回らなきゃいけない。とにかく、もう寝ないでこなしていたっていう記憶しかないね。ただ、頑張ってるところで、なんかいろいろゴタゴタが起きたりとかするんだけどね」

武藤たちが去ったあとも、全日本は揺れ続ける。00年にノアへ移籍した秋山準が14年、古巣・全日本の社長に就任。白石氏は去ることとなった。しかし、19年に秋山が社長を辞任。平成の王道地殻変動の渦中で、諏訪魔はそのすべてを味わい続けた。

「13年の分裂から、まあいろんなことが起きるわけよ。いろんなことが起きたけど、初めの（13年）分裂で、武藤さんがいなくなっちゃった時は、すごく俺にとっては大きかった。でも、あの経験がなきゃいまはないからね。また、これからのことはわからないけれど、信念を持ってやっていくことがいちばん大事なのかな。なんでかわかんないんだけど、本当に崖っぷちに突き当たった時って不思議なもんで、状況が一変するんだよね。武藤さんもそうだった気がするな。なにかで行き詰まりそうになった時に状況は変わるんだっていう姿を見てきた。

いま思い返すと、なんか不思議だなって。なにかが起きるんだよ。だから、武藤さんの『なんとかなんだろう』っていう感じだと思うんだよね。たしか実際に『なんとかなんだろう』って言っていた記憶もあるし。帰りがけに、頭をかきながらね。横で見てて覚えてるよ」

武藤の視点は日本のプロレス的なものじゃない

強制的に体験することになった全日本の騒動の数々。修羅場をくぐったぶん、諏訪魔の器は大きくなった。リング上では三冠王座で最多記録となる8度の戴冠を果たし、リング外では14年7月〜15年11月に専務取締役、そして21年3月1日付で専務執行役員に就任した。ヒールでありつつ、会社の運営にも携わる姿勢は、新日本の〝悪の総帥〟蝶野も経験しており、諏訪魔はブードゥー・マーダーズの悪のイデオロギーで全日本を染めつつ、会社での権力を手に入れたことになる。

「武藤さんからは、プロレスというものはただの戦いじゃなくて、ビジネスであるということを教えてもらった気がするね。常にそういう姿勢だったと思うよ。俺もそういう視点から物事を捉えるようになったのがいちばん大きいかな。自分の目線じゃなくて、状況をちょっと上のところ——なにか天井から見てるような。武藤さんと過ごしたことで、視点がちょっと変わったかな。具体的にプロレス大会を運営する、開催する、興行でどう暴れ回るかっていう、それぞれで自分の立ち位置を理解できるようになったな。ゴタゴタへの免疫がすごくできてる。多少のことでは本当に動揺しないね。経験値で言ったら、ものすごいことを短期間でしてきたと思ってる。余計な経験もいっぱいあるけど、もう（なにがあっても）自分はぐらつかないかな。なんとかなるっていう境地に達したね。そうそう、『なんとかなんだろう』。一生懸命やってりゃね」

アメリカでも人気を博した武藤には、「ショービジネス」の概念が養われていた。諏訪魔には、その背中を見て最も感じ入ったシーンがあるという。

「いっぱいあるよ。武藤さんはショーとして見るんだよね。視点が日本のプロレス的なものじゃない。照明が消えて、わけわかんないところからグレート・ボノが出てくるとかさ。05年11・19代々木第二でね。あれは鳥肌が立った。相手を倒して決めポーズして……もう鳥肌が立つ」

全日本の繁栄に必要なことは武藤から学んだ

武藤も難しさを味わった団体経営。弟子である諏訪魔は経営陣として、その難しさとやりがいをどう感じているのか。

「全然違うことばっかやってるんだけど、面白いなと思うね。毎日、一日一日が〝大人の文化祭〟じゃないけど、そんな感じがするね。自分自身が戦って、試合が終わってみなさんが喜んでくれたら充実感もある。お客も喜んで帰ったって聞いたら、悪といえどもうれしいものはうれしいね」

プロレス少年だった諏訪魔がファンとして見ていた景色、入団当初の「武藤全日本」の新世界。そして、いま自らが生み出している新生・全日本の風景。変化を見続けたからこそ思うことがある。

「武藤敬司の考えるプロレス観と、たとえば全日本に残っていた渕（正信）さん、（和田）京平さん、川田（利明）さんはわかんないけど、そこで色が全然違う。当時はなにが正解なのかわかんなかったけど、いまとなってみたら両方正解であって、両方いたほうが面白いだろうなと思うし。

プロレス観なんていくつもあったほうがいいんだなって。武藤さんには、『ずっと俺が見上げるような存在でいろよ』と言いたいね。で、本人がいないところでも、みんなで話題にして笑ってるみたいな。いまもそうでしょ、ネタになるよね。いろんな話もあるね。つまみになるんだよ」

興行界は新型コロナウイルスの影響で大変な時代を生き抜いている。全日本は22年に旗揚げ50周年を迎え、どんな未来を描くのか。

「50周年を迎えて、51周年だね。もう突入しているわけだから。やっぱ60年、70年、100年と繁栄させていかなきゃいけないなっていう気持ちはある。そのために必要なことは、武藤敬司から学んだ。自分が上がっていくことでビジネスも上がると。武藤さんは『本当に会社をよくしてえんだったら、てめえがもっと光ればいい』。そういう考え。みんなでよくなろう、じゃない。ぶっちぎって、てめえがよくなれば周りも上がってくるっていう考え方。基本、プロレス団体は個人商店の集合体だって言ってたんだから。みんながそれぞれ『自分が上がっていきたい』と思うのかもしれないけれど、団体の一人ひとりがそう思うことが大事なのかもしれないよな」

武藤さんは「絶対引退なんかしねえよ」と言っていた

2004年2月29日、武藤敬司vs大森隆男戦（両国国技館）

証言

大森隆男

PROFILE

大森隆男 おおもり・たかお●1969年、東京都生まれ。大学時代はアメリカンフットボールで活躍し、アニマル浜口ジムを経て、92年、全日本プロレスに入門。99年、高山善廣とのチーム「ノーフィアー」を結成し、アジアタッグ王座、世界タッグ王座を獲得して史上初の同時保持を達成。2000年にノアへ移籍。02年、ノーフィアー解散。03年にノアを退団し、長州力が設立したWJプロレスへ。WJ崩壊後はZERO1-MAXに所属し、新日本プロレスにも参戦。12年、全日本に再入団。14年には秋山準を破り三冠ヘビー級王座を初戴冠した。

取材・文●丸井乙生

大森隆男は、全日本プロレスという〝大河〟を最も知る男の一人だ。旗揚げ30周年となる1992年、全日本でデビューし、2000年にプロレスリング・ノアへ移籍。その後、紆余曲折を経て12年2月1日付で〝生まれ故郷〟の王道マットに再入団を果たした。全日本の歴史における激震は、さかのぼれば90年の天龍源一郎らのSWS移籍、00年のノア勢離脱、そして02年の武藤敬司らの電撃移籍。大森がノア旗揚げに参加したことが、後年になって、武藤の全日本入りにつながっていった。

「馬場・全日本」と「武藤・全日本」の空気感は同じ

「僕は（離脱当時）全日本プロレスの名称が変わってノアになるというようなニュアンスで伝えられていたので、川田（利明）さん、渕（正信）さん、フロントの方々も含めて残留した側からの話を聞いていなかったんですよね。（和田）京平さんもそうです。（ノアに）行く人たちからの話しか聞いていなかったので、あとから『いや、あの時はああだった、こうだった』みたいなことをいまだによく聞くのですが、当時は僕なんかどっちかというとまだ若い部類だったから。そういう話は結構あとから聞くことが多いです」

〝生まれ故郷〟を離れた大森も、全日本も、大きく変化していった。大森は03年のノア退団から長州力率いるWJへ。WJ崩壊後はフリーを経てZERO1‐MAXに入団。さらに、08年には一時プロレスラーを休業した。一方、全日本では、02年2月の武藤の新日本から全日本への電撃移籍。武藤は社長にも就任した。そして歴史は再び交差する。大森は04年、全日本の春の風物詩「チャンピオン・カーニバル」に参戦した。

「フリーの立場で全日本のチャンピオン・カーニバルに出たことがあったんです（04年）。久しぶりの全日本での試合が、後楽園ホールで、たしか（太陽）ケアとのシングルだったと思うんですよ（4月10日）。その時に、『やっぱ全日本だな』と思いましたね。ケアと試合をしたこともそうですし、会場のお客さんがどういうふうな受け入れ方をしてくれるかということについて、僕がナーバスになっていたんです。いざ試合が始まったら、ファンの方がすぐ温かく迎え入れてくれてですね、うれしかったし、びっくりしました」

大森が知る「全日本」と、当時の「武藤・全日本」に違いはあったのだろうか。

「違いは見つけられなかったです。そこがすごいなと思って。なにも変わってなかったと思います。もちろん（選手は）変わっているけど、あの空気感とか、そういうものが全然変わってなかったと感じました。本流は変わってなかったんじゃないかな。うまく言葉で言えないですが、太陽ケア選手と試合をした時に、テンポとか間とかが『全日本だな』っていうふうに感じました。（他団体という）外に出た時に〝全日本らしさ〟がわかったのではなくて、04年のチャンピオン・カーニバルで感じたんです。練習で言えば、（他団体と比較すると）全日本は受け身がやっぱり多いですね。他にも基礎体力、関節中心のスパーリングとかももちろんやりますけど。受け身の比重はすごく大きかった」

無神経に神経を張りめぐらせている人

武藤とはZERO-ONE（当時）の04年2・29両国国技館大会が初のシングルマッチ。縁は点と点にすぎなかったが、大森が11年春から全日本に本格復帰してから大きく交わっていくことになる。

「タッグでもやったことがなかったですし、（初対戦前は）そんなに体が大きいイメージがあまりなかったのですが、対戦してみるとすごく体が大きい。そして圧がありました。あと、（全日本に本格復帰して気づいたのは）興行の時に周りにすごく神経を張りめぐらしている人だなと思いました。身近な人間だけでなく、リングに上がった時のお客さんや会場の雰囲気や、若い選手やスタッフに対しての気遣いだとか、毎回全体をちゃんと把握していて、隅々まで神経を行き届かせている。そういうことは感じていました。後輩にはやっぱり声かけとかそういうことかな。だから、いろいろ勉強になりましたね。こういう人だ、ああいう人だみたいに聞いていた話とは、なにかまったく真逆のようでした。極端に言えば、無神経に神経を張りめぐらせている人かもしれないです」

では、大森から見た「選手・武藤敬司」はどういう存在だったのか。

「いやもう、本当に日本を代表するトップレスラーでしょう。引退とは無縁で、『永遠に歳をとらない』というようなことを言っていたことを覚えています。まさにそのとおりで、『歳をとらない人』という感じがします。写真で若い頃といまを比べたらもちろん違うんですけど、武藤さんのままだなというふうに思いますね。（引退発表は）もちろんびっくりしました。小橋（建太）さんの引退の時だったと思うんですけど、武藤さんが『俺、絶対引退なんかしねえよ』みたいなことを言っていた記憶があって、まさかそういう区切りをつけるなんて、と驚きました」

大森にはプロレス界きっての読書家という一面もある。自身の公式Ｔｗｉｔｔｅｒで読んだ本を紹介する時は、ハッシュタグ「#ワイル読書」がファンの間ではおなじみとなるほど、様々な書籍を読み続けている。そんな大森が、武藤を作家にたとえてくれた。

「伊集院静さんかな。エッセイも面白いし、小説も面白い。いま現在の生活を題材にしたエッセイも面白いし、子供時代の体験談をもとにした小説も面白い。それでいてダンディズムもまとっているので、武藤さんかなって」

団体のゴタゴタ自体は、まあまあ、嫌でした

プロレス界の伊集院静が率いる新生・全日本。激闘を繰り広げながらも、リング上に集中できる"安泰の日々"は短かった。大森が春に全日本に本格参戦した11年、なんと6月に武藤はスー

パー・ヘイト暴行事件により引責辞任（選手としては所属を継続）。そして、大森が再入団を果たした12年2月以降、武藤・全日本の経営悪化が進み、同年11月1日には、企業再生を業務とする会社「スピードパートナーズ」の代表（当時）・白石伸生氏が全日本の株式を100％取得してオーナーとなった。白石氏はマッチメイクにも口をはさむようになり、現場とフロントの意見が乖離していくこととなる。全日本にとっては、のちの分裂騒動につながる地殻変動の始まりだった。

「僕が全日本に参戦した時は、それ（騒動）はまだなかったです。その1年後くらいですね。白石さんにはいろいろと理想があったんじゃないですか。団体のゴタゴタ自体は、まあまあ、嫌でしたね」

13年5月末、武藤は選手としても全日本を退団し、9月に新団体のWRESTLE－1を旗揚げした。一方、大森にとって全日本時代の先輩・秋山準が同年1月、ノアを退団して全日本に参戦し始め、7月には再入団。14年7月には秋山が全日本の社長に就任し、大森は取締役に就いた。しかし、19年7月に秋山が社長を辞任し、20年6月にはDDTへレンタル移籍。同年末をもって全日本を退団した。

フロント出身の内田雅之氏を含め、8年間で社長が4度代わった全日本。大森が全日本に戻ってきてからというもの、王道マットの歴史絵巻は激動期を迎えた。00年のノア勢離脱は当事者として、以降の2010年代の全日本大激震は古巣への復帰選手として、歴史が動く瞬間を目撃してきた。

「(14年の)取締役就任は、秋山さんが社長になって、手伝ってくれっていうふうに頼まれたんですよね。そんなに長くない間に結構いろいろありましたね」

「四天王プロレス」をやっていける自信がなかった

大森自身も激動の人生を生き抜いてきた。城西大学時代はアメリカンフットボール部で、大学卒業後に全日本入り。当時の道場では、鉄人・小橋建太が若手選手の指導にあたっていたという。指導する小橋が指導される側よりも猛烈にトレーニングを積むという〝超・虎の穴〟で鍛えられ、プロレスラーとしての基礎を学んだ。

「僕が入った頃の若い選手のまとめ役というか、コーチが小橋さんだったんです。小橋さんの指導で練習をするのですが、やっぱり上の人が率先して高いレベルでトレーニングしていました。小橋さんは合同練習以外の時もだいたい道場に来ていたので、やっぱり反論できないですよね。上の人が率先してやっていると」

当時の全日本は「四天王時代」。90年のSWS勢の大量離脱を経て、三沢光晴、川田利明、小橋建太、田上明の四天王が危険な技の応酬を繰り広げる試合が人気を博していた。新日本がリング内外のマイクパフォーマンスや過激な〝事件〟で話題をさらうなか、全日本はあくまでリング上で魅せる方針を貫いた。そんななか、大森は99年、高山善廣とのコンビ「ノーフィアー」

（のちに浅子覚が加入）を結成。身長190センチの大森、192センチの高山が並び立つ様は圧巻であり、試合後に舌鋒鋭いコメントを残すスタイルは当時の全日本では異質な存在だった。

「僕はその当時、先輩方の試合で過激度、危険度がエスカレートしていくのも感じていて、そのなかで、そういう（四天王プロレスの）スタイルで自分が試合をやっていける自信がなかったというのもありましたね。なので、違うことで対抗をしていかなきゃいけないなとは若い頃からずっと考えていて、それはなんなんだろうということの形がノーフィアーだと思っています」

ファンからの大きな支持を得ていたノーフィアーだったが、02年5・9後楽園ホール大会で解散。直後にアメリカ遠征を控えた大森はリング上で、高山へ「あばよ」と古風な別れを告げた。なぜノーフィアーが人気絶頂だったなか、大森は解散を選択し、海外遠征を希望したのか。

「試合数は決して多くはなかったのですが、とにかく日本でしか試合をやったことがなかったし、向こうでの生活だとか、いろんな世界を体験したかったんです。実際、全日本にいた時の終わりぐらいに、アメリカ遠征に行く話があったのですが、ジャイアント馬場さんが（99年1月に）亡くなったことによって、その話がなくなったんです。自分の中でずっとやり残したことだと感じていましたし、たとえば秋山さんが新日本に上がるようになったり、高山さんも総合格闘技に出たりしていたので、『俺にとって、もう1段階上に行くことってなにかな』と考えた時に、海外へ行きたいと思ったんですね」

02年6月に渡米し、03年2月に帰国。アメリカ遠征で培（つちか）った力をノアで発揮する――と思いきや、なんと大森のノア退団が決定した。
「あまり細かくは言えないんですけど、話がまとまらなかったという言い方ですかね。帰国して三沢さんとも会社の人とも話をして、そういうふうになったんですけど……」

〝全日本プロレス＝ジャイアント馬場さん〟

その後、他団体への参戦と一時休業を経て、12年2月1日付で全日本復帰を果たしたのは前述のとおり。00年の離脱から、12年の時が経過していた。全日本正式再入団前の11年11月には征矢学とのタッグ「GET WILD」を結成すると、〝ワイルド〟な雰囲気で、時には〝マイルド〟も醸し出す2人のやり取りが人気に。ノーフィアー時代から年輪を経たからこその、自然体の魅力が発揮されるようになった。

13年の武藤をはじめとするWRESTLE－1勢の離脱による全日本分裂危機には早々と残留を表明。14年6・15後楽園ホール大会では、若かりし時代に憧れた王道の至宝・三冠ヘビー級王座を44歳にして初戴冠した。

53歳を迎えた22年は、10・22新潟・三条市厚生福祉会館大会で33歳の王者・宮原健斗に挑戦したほか、年内最終戦の12・25後楽園ホール大会で、WRESTLE－1、ノアへと戦いの場を移した征矢とスペシャルシングルマッチを戦う（22年12月20日時点）。期せずして幾度もの団体の

〝離脱・分裂・復帰〟を経験してきた大森にとって、全日本はどんな存在なのか。

「生まれ故郷であり、〝全日本プロレス＝ジャイアント馬場さん〟ですね、やっぱり。プロレスの基礎、試合の基礎を教わったこともそうですし、最初から合宿所生活で、それでずっと巡業ですから。入門したら、食事から生活からすべてお世話になったので、もう実際、父親みたいなものですよね」

新団体が設立されては消えていくプロレス界において、1972年旗揚げのメジャー団体・全日本は、幾多の危機に見舞われながらも今日まで存在している。02年の武藤電撃移籍もまた、団体の命を救った歴史上の分岐点だ。

「はい、それは本当間違いなくそうだと思います。武藤さんがいたからこそだと思います」

箱舟に乗って大海に出た大森は、いつしか大河を遡上して、当時の「武藤全日本」、生まれ故郷に帰ってきた。なぜ古巣復帰を決断したのか。

「全日本で、自分の生まれ育った団体で、最後はそこで終わりたいなと思っていたんです。恩返しなんておこがましいですけど、全日本でプロレスラーの生涯を終えたいと思っております。（現在のモットーは）毎試合毎試合、自分のその時にできる最高のコンディションで臨むということですかね。まだまだ道の途中なんでね。険しくても、プロレスラー人生もワイルドを極めないと。とはいえ、ワイルドがなんだって言われても即答できない。まだ悟りも開けてない。まだ自分でもわかってないこともあるし、道半ばです」

2012年3月20日、武藤vs秋山戦(両国国技館)

武藤敬司
「全日本プロレス移籍」の黒幕

2002年、新日本プロレスの絶対エースだった武藤敬司が、全日本プロレスの社長に就任するという驚天動地の事件が起こった。あまりにも突然であり、一見不可解な武藤の行動だったが、実は裏で糸を引く黒幕の存在があったのだ——。

取材・文●川崎哲平

「キャリアが無になる」――武藤が抱いた危機感

全日本プロレスからNOAHへ、選手とフロントの大量離脱が起こった2000年6月16日。この分裂騒動後、馬場元子夫人が全日本の社長に就任し、01年1月28日の東京ドーム大会「ジャイアント馬場三回忌追悼興行」に、武藤出場を新日本にオファー。これこそ、武藤と全日本が初めて交わった瞬間だった。

00年暮れにWCWから帰国した武藤は、総合格闘技路線にシフトチェンジしている新日本の現状を目の当たりにし、「アメリカでのキャリアを含めて、これまでオレがやってきたことが無になる」と危機感を募らせていた。

そんな時、全日本のリング上での、太陽ケアとの試合を通じて、ジャイアント馬場、王道プロレスの世界に興味を持ったという。また元子夫人も武藤のスケールの大きい明るいファイトを見て、アメリカンスタイルを貫いたかつての馬場を感じていた。

この頃、新日本は全日本との対抗戦を繰り広げていたが、元子夫人は馬場がハワイでスカウトしたケアが武藤のもとでトップレスラーに育つことを強く望んでいた。そしてケアは、武藤が団体の垣根を越えて結成したBATTのメンバーの一員に。元子夫人が武藤を信頼していたため、全日本のファンにも武藤だけは支持されるようになった。

01年2月から全日本へスポット参戦した武藤は6月8日、天龍源一郎から三冠ヘビー級のベルトを奪取。全日本の至宝が新日本に渡る歴史的な出来事だった。

以降、全日本のビッグマッチには武藤が必ず参戦。新日本所属レスラーでありながら、全日本のエースという前代未聞のポジションを獲得したのである。

全日本移籍を果たし念願の社長に就任

そして、ついに02年2月26日、ケンドー・カシン、小島聡、アメリカから帰国したカズ・ハヤシらとともに武藤は全日本に移籍する。小島とカシンは武藤が誘い、カズは馳浩がスカウトしたという。この時武藤は、棚橋弘至にも声をかけたが、その試みは失敗に終わる。

「当時の新日本の総合格闘技路線は小島と棚橋のカラーに合わないし、あの陽性キャラは全日本に必要。WCWで一緒だったカズもジュニアヘビー級路線を盛り上げるのに必要な人材」

そう考えて実行に移した武藤。いちプロレスラーとして、新日本が押し進める格闘技路線が気に入らなかったのだ。

選手だけではなく、武藤は新日本の経理を含めた優秀なフロントも全日本に連れてきた。新日本にとっての最大の痛手は、金庫を任せていた経理がいなくなったことである。これら一連の引き抜き行為は、武藤が全日本の社長の座を狙って考えたことだった。

「私が社長を務めるのは、馬場さんの三回忌まで」と常々公言していた元子夫人は、武藤ら新日本からの大量移籍の7カ月後の9月30日に社長を退任。早くも全日本に武藤政権が誕生することとなった。

移籍の本当の理由は全日本の株式上場計画

「全日本プロレスで理想のプロレスをやりたい」

移籍の理由をそう語っていた武藤だが、あくまでもタテマエだった。実際は社長の座につき、全日本の株式上場計画というビジネスチャンスに挑戦したかった、というのが本音だろう。当時の日本はIT企業ブームであり、新規上場による億万長者ブームの真っ只中だった。武藤は全日本の株式を譲渡され、全日本が株式上場する〝時〟を待っていた。だが、全日本の株式上場計画は、実現不能な夢の話だった……。

「結果、社長になった武藤に残されたのは借金まみれの老舗団体だけということに。元子夫人に体(てい)よく不良債権の後始末を押し付けられたような形となってしまったのです」（プロレス誌記者）

武藤が並のレスラーだったら、SWS分裂後にできた数多(あまた)のインディー団体のような末路を辿ったところであろう。しかし武藤は、当時のプロレス界において超一流のスターレスラー。全日本は借金に苦しみながらも、武藤自身の集客力による興行収益と、武藤の他団体参戦による外貨獲得でなんとか団体を維持していた。

全日本はその後も危険な経営状態でありながらも団体を存続していたが、12年11月1日、ついに企業再生業を専門とするスピードパートナーズ社の傘下に入った。同社社長の白石伸生氏が全日本のオーナーに就任したのだ。

この白石氏、今では伝説として語られるほどの変わったオーナーだった。プロレスファン上がりで、目立つことが大好き、意味不明の行動も多かった。自身のフェイスブックで、自分の会社批判を堂々とする神経は、ファンのみならず全選手からも反発を招いた。

「全日本プロレスを買収して。もう一度、ヤラセのない力と力、心と心、技と技の限界値を極限まで追求するプロレス団体を再構築しようと思います。皆さん、力を貸してください」

「ノアのケンタって、本当にヘビー級でヤラセなしで、できるのかな？ できるなら、あの体型で凄いこと。一度、ノアも見てみようかな。スカウトしてもいいかもしれない」

「KENSOなら負ける気がしない！ プロレスを一番バカにしてるスタイルの芸人レスラーなんかに……。彼に、ガチンコセメントファイトは無理でしょう！ まぁ、私はレスラーではないので、我慢してリングには上がりませんが……。おそらく、日本中のプロレスファンが、彼にはガチンコセメントファイトは無理だと認定するはずです。だから、私は、リストラ宣告したのです！ 許されるなら、私が直接、KOして、引退させたい位です！」

このように、白石氏はSNS上でやたらとガチンコプロレスという言葉を用いていた。全日本の試合スタイルを変えたいのか、ただ自分が目立ちたかったのか、真意はわからないまま業界を去っていった。

武藤はそんな白石氏との不毛な諍(いさか)いに疲れ果て13年5月、10年以上も守り続けた全日本を退団。反白石派の選手たちとともに、7月10日にWRESTLE－1を旗揚げする。

〝黒幕〟と名指しされた馳の著書名は『黒幕』

新日本時代から武藤のことをよく知るカメラマンのK氏は、武藤の性格についてこう語る。

「武藤って基本的に野心とかない奴なんだよ。新日本の新弟子の頃から見ているけど、トップに立とうなんて気はまるでなかったな。天下を取ることしか考えていなかった橋本真也なんかとは正反対。まさか全日本の社長になるなんて思ってもいなかったよ。ひとりで行動するようなタイプで、人を引っ張っていくリーダーではなかった。よっぽど全日本の株式上場に魅力を感じていたんだろうな」

新人時代、武藤が付き人をしていた木村健悟に言い放ったひと言からも呑気な性格がうかがえる。

「オレ、木村さんみたいになりたいんですよ。だって、木村さんのポジションって楽そうじゃないですか」

そんな武藤が、スターとして高待遇だった新日本を自ら辞めて、選手不足で厳しい状況の全日本に移籍したのである。自分ひとりで考えた行動ではないのは明らかだろう。当然、裏で武藤を指南した人物はいた。

アントニオ猪木は「武藤をそそのかした黒幕は馳浩」と名指しで批判した。これに対して馳は即座に反論。著書においてもこう見解を述べている。

〈いきなりアントニオ猪木さんから黒幕と名指しされて批判を受けたのが、この馳浩。私はきょとんとするとともに、カチンときた。私が首謀したわけでもなく、また意図せざるところで、お前が黒幕だと指摘されてもうろたえるばかりで答えようがない。ましてや、私は試合の時だけ全日本プロレスに登場する期間限定レスラー。本職は衆議院議員。全日本プロレスの経営についても、責任を共有する立場ではない。根拠のない黒幕説をマスコミを通じて世の中に大きく流布されてはまさしく名誉棄損〉

〈おいおい、言いたいことがあれば直接俺のところに来て言えばイイじゃないか。ウラも取らずに不確実な情報に基づいて一方的に攻撃するなんて、それでもプロレス界の先輩か！　万が一法的な訴えを起こすとして、その場合はあなたの側に立証責任があることぐらいわかっているんで

しょうね！〉

と、激しく武藤移籍の黒幕説を否定した。しかし、実際にカズ・ハヤシをスカウトしたのは馳である。そしてこの著書のタイトルが『黒幕』というから、馳の怒りに満ちた文章もどこかプロレスチックに思えてならない。

武藤は馳にそそのかされたと口にしたことはないが、新日本関係者やマスコミなどは「黒幕は馳以外にいない」と確信している。

では、なぜ馳は新日本のエースである武藤を全日本に移籍させたのであろうか？

「馳は96年1月4日、新日本の東京ドーム大会で引退をしている。議員になったことで、強制的に引退させられたと本人は不満だった。仕組んだのは、師匠である長州力。この一件を機に、両者の間には大きな溝ができた」（前出・プロレス記者）

そして、１９９６年11月に全日本に入団。議員活動と並行し、スポット参戦を続けていた。入団会見の際に、馳はわざと「憧れでした」と言い放ったのだが、これは長州に対しての皮肉。当然、長州がキレないわけはない。

だが、馳の気持ちは収まることはなかった。新日本にとってもっとも不利益となるエースレスラーの離脱を企てた、ということが真相とされる。

武藤の移籍によって、長州は新日本の現場監督の座を降ろされた。ＰＲＩＤＥ、Ｋ－１といった格闘技の大ブームによって、新日本内部でも格闘技路線を敷く猪木派が勢いづいた。長州にとって居心地の悪い状況のなか、武藤離脱は長州にダブルパンチを喰らわせる格好となった。

結局、長州は新日本に後ろ足で砂をかけるようにして、02年5月に退社。

一方の馳は05年10月に文部科学大臣に就任。政治家として大輪を咲かせ、長州を見下ろす立場になった。

全日本を離脱してからWRESTLE－1を立ち上げた武藤は、団体運営に苦しんだ。スターレスラーとはいえ、思うようにいかないのが現実である。

やはり02年の武藤移籍劇の勝者は、アントニオ猪木から〝黒幕〟と名指しされた『黒幕』の著者、馳浩なのかもしれない。

馳の02年の著作『黒幕』。「黒幕論こそ(中略)人間関係に油を差す」と記している

引退記念 特別小説

嫌われた天才

1995年10・9〝もうひとつの〟武藤敬司

文●樋口毅宏

俺は東京ドームの広いドレッシングルームで茫然としていた。試合が終わってからどれぐらいの時間が経過したのか。うなだれたままシャワーを浴びることも忘れて、汗で濡れた体は芯まで冷えていった。

さっき行われたメインイベントを反芻する。ドラゴンスクリューからの4の字固めでギブアップというブックで決まっていた。なのに――。

技をかけられた対戦相手の髙田延彦はもがき苦しみ、いまにもタップをしかねない様子だった。それが自力でロープに逃れたあと、まるっきりダメージはなかったとばかり、すくっと立ち上がり、強烈なローキックをお見舞いしてきた。ヒザに激痛が走る。思わずたじろぐと、髙田はニヤッと笑ったように見えた。

あとはあれよあれよという間に、息を吹き返した髙田はまるでサンドバッグのように俺を蹴り続けた。たまらずダウン。レフリーのタイガー服部も困惑していた。

――打ち合わせと違うじゃないか。

しかし服部は倒れた自分をカウントしないわけにはいかない。

観客は熱狂の渦にいた。ゆっくり数えたカウント9でどうにか立ち上がる。髙田は猛然と襲いかかってくる。セールではない。シュートのハイキックを喰らって再びダウンした。

PROFILE
樋口毅宏 ひぐち・たけひろ●1971年、東京都豊島区雑司ヶ谷生まれ。編集者として出版社勤務後、2009年に『さらば雑司ヶ谷』で小説家デビュー。小説作品『民宿雪国』『日本のセックス』『二十五の瞳』『テロルのすべて』『ルック・バック・イン・アンガー』『甘い復讐』『ドルフィン・ソングを救え!』『太陽がいっぱい』(プロレス短編集)などを発表。新書『タモリ論』はベストセラーに。コラム集『さよなら小沢健二』『おっぱいがほしい! 男の子育て日記』の著書もある。

噂には聞いていた。髙田は北尾光司にブック破りを敢行し、KO勝ちしたことがある。「武藤も油断したら髙田にヤラれかねないぞ」と忠告された。しかし今回の新日本プロレスとUWFインターナショナルの全面対抗戦は、あちらが多額の借金に苦しみ、藁をもすがる思いで、すべてはこちらの言いなりだと聞いていた。

髙田は自分にギブアップ負けして、俺はリングの中央で勝者の雄叫びを上げる。その計画は脆くも潰えた。

服部がダウンカウントを数える。

「1、2、3、4、5……！」

立ち上がれるわけがない。本気のヒザ蹴りを頭部に数発叩き込まれ、ふらふらのところを狙いすましたハイキックが顔面を直撃した。受け身も取れない。膝から無惨に崩れ落ちた。

「6、7、8、9……10！」

服部は両手を交差する。ゴングが乱打される。ドームの屋根が吹っ飛ぶのではないかと思うほどの歓声と溜め息が湧き上がる。俺は王者からジョバーに転落した。

全部猪木さんの差金ですよ！

翌週の専門誌が発売された。書店でこれでもかとばかり高く積まれていた。視線を背けようとも扇動的な見出しが目に飛び込んでくる。

〝Uイン、新日本に勝つ〟

〝最強vs天才、決着〟

〝よくやった髙田！　Uの幻想死守〟

『週刊プロレス』の表紙だ。気を失って起き上がれない自分と、それを尻目にUインの選手たちが髙田を笑顔で肩車している写真。よせばいいのに俺はレジに持って行った。帰り際に、「あれ、武藤じゃない？」と、誰かが囁く声が聞こえた。

家に持ち帰った。やめておけ。ろくなことが書いていない。寿命が縮まるだけだと思うのに、手は勝手に伸びて、ページを手繰る。まるでつのだじろうの『恐怖新聞』だ。

訳知り顔の論評に目を走らせる。編集長によるものだ。ヤツのことが大嫌いだった。

〝要するに、華だけではダメだということ。プロレスは強くないといけないという真実を再確認させられた〟。

頭にきて、ビリビリに破いた。

巡業にはついて行かず、部屋に引き籠もった。天井を眺める。いつもアグレッシブに動いてきた俺にとって、ケガでもないのに長期間休むのは初めてだった。

道場にも顔を出さないでいると、本社に呼ばれた。社長の坂口さんは慰めてくれた。俺はここぞとばかりに持論を展開させた。

「今回の件、裏で糸を引いてるのは猪木さんじゃないんですか。カウントダウンの試合でムダの俺が好き放題やったせいで、あの人試合後荒れたじゃないですか。いまだに根に持ってるんですよ。全部猪木さんの差金ですよ！」

坂口さんは肯定も否定もしなかった。ほどなく俺の仏頂面に付き合いきれなくなったのか、途中からは厳しい口調に変わった。

「髙田とまたやって、ベルトを取り返すしかない。そのためにも総合格闘技をやってみないか」

俺は項垂(うなだ)れていた頭を上げ、唾を吐くように返した。

「そんなの嫌っすよ。猪木さんが仕掛けてくるようなガチのとか、全然好きになれない」

「武藤が本意じゃないのはわかる。しかし好き嫌い言っていられる状況じゃないだろ」

坂口さんの目は冷たかった。

髙田との再戦は〝髪切りマッチ〟

ブラジル人の総合格闘家と復帰試合をすることになった。俺は柔道の全日本強化選手にまで選ばれたことがある。腕に覚えはあった。ところがいざ実戦となると勝手が違った。思ったように相手を押さえ込むことができない。冷や汗を（この俺が！）かきながら、最後はマウントでパンチを繰り出して勝ち名乗りをあげた。しかし観客は石のように白けていた。久しぶりの俺に「おかえり」という温かい声援は皆無で、「UWFに敗れた見かけだけの男」とばかり、ブーイングの雨嵐が飛んできた。

翌週の週プロも辛辣(しんらつ)だった。「パンチを出すスピードより、引くスピードのほうが早かった」

と揶揄された。プロレス人生で最高の黒歴史。俺の輝かしいキャリアに許されないことだった。

俺のプロレス人生を振り返る。前座の頃から目立っていた。すぐに海外遠征に出されて華々しく凱旋した。だけど日本の窮屈さに嫌気が差すと、アメリカに飛んでペイントレスラーとして活躍した。観客はすぐに俺を支持した。ヘビー級で俺のように飛んだり跳ねたり、ダイナミックな動きを見せるヤツはいない。瞬く間にスターの仲間入りを果たした。

日本に帰国してからも俺の扱いはよかった。メガネ会社が新団体を旗揚げするからと億の金額を提示したが興味なかった。論功行賞ではなく、俺は日本でも実力でベルトを勝ち取った。このまま俺は驀進し続けるのだと信じて疑わなかった。なのに髙田延彦という小石に躓いてしまった。ルックス、スピード、パワー、何もかも俺のほうが上。俺は道場に向かうとスパーリングで汗を流した。若手の時のように必死でグラウンドの基礎を学び直した。

髙田との再戦が決まった。同じ東京ドーム。会見で子飼いの宮戸優光がマイクを握った。

「ウチの髙田さんは修行中の身。本来なら一度勝った相手と再戦する必要はない。なのにまたやれと言うのなら。どうでしょう、ベルトだけでなく、男のプライドとプライドを賭けて闘うのは」

髪切りマッチをやれと言うのだ。昔、アントニオ猪木対ラッシャー木村で争われたと聞いている。髙田は猪木さんに憧れてこの世界に飛び込んだ男。所詮エピゴーネンに過ぎない。バカバカしい。どこまでモノマネをすれば気が済むのか。宮戸は続ける。

「それとも武藤さんは頭髪に不自由しているようだから、こんなルールは認められないと仰りますか？」

人を小馬鹿にした目で見てくる。俺はカッとして大声で叫んだ。

「勝ちゃいいんだろ、勝ちゃ！」

「武藤敬司33歳　髙田延彦に負けたら即つるっ禿げ！スペシャル」

東京ドームのチケットは即完。テレビのゴールデンタイムで特番の生放送が決定した。売れっ子だという放送作家がつけたタイトルがひどい。

「武藤敬司33歳　髙田延彦に負けたら即つるっ禿げ！スペシャル」

震えた。たしかに俺は毛が薄いかもしれない。しかしコンプレックスだったことはない。アデランスがCMに出演してほしいとオファーがあった時は喜んだものだ。しかしフロントは断った。

「オヤジ、どういうことだよ！」

営業本部長の永島勝司に摑みかかると、「おまえな、客席から〝アデランス〟コールが掛かるようになったらどうするんだ？」と、にべもなかった。今回も試合前日に電話をかけてきた。

「髙田にはよ、お前ら借金どうするつもりなんだ。ウチと提携しないと路頭に迷うぞってキツく言っといたから」

このタヌキが。

ドームの控え室に現場監督の長州力が近づいてきた。

「敬二、今度は大丈夫だからな。俺からもヤツらによく言い聞かせたからな、ウン」

　この人はふたつの大きな傷を持っている。

　ひとつは自分の顔面を蹴って追放された前田日明によるUWFが、新日本プロレスより長く上位概念にあること。そのUWFもいまは存在せず、髙田延彦率いるUWFインターナショナルしかない。しかしUを名乗っていることに変わりはない。

　ふたつめの傷。元横綱であり、自分に差別発言をしてやはり追放された北尾光司。新日本では当時、誰も北尾に制裁を加えることができなかった。髙田はその北尾に勝利し、「最強」を名乗るようになった。

　つまり、Uインと髙田を潰せば、自分の過去の傷もすべて清算される。そんな暗い情念、というか怨みを晴らそうとしているのだ。他人の手を借りて。

　長州力の背中に向けて問うた。

「俺が邪魔ですか」

　長州力は厚ぼったい瞼を刹那(せつな)に瞬かせたかと思うと、何も言わずに控え室から出て行った。

　俺は、誰も信じられなかった。

落武者、失笑、絶望

　花道を入場する。「TRIUMPH」がかかる。大「武藤」コールが起こる。その後、髙田が入場してくる。俺は目を疑った。まるで髙田を守るように、ヤツと一緒に現れたのは兄貴分、前田日明だった。あろうことか俺の大嫌いな〝言うだけ番長〟前田日明がサプライズでセコンドについた。ドームはどよめく。完全にUムード。またもや聞かされていない。これは陰謀だと、奥歯を強く嚙み締めた。

ゴングが鳴ると同時に毒霧を噴射した。グレート・ムタではなく、武藤敬司による予期せぬ先制攻撃に髙田は顔面を緑色に染め上げ、もんどり打ってリング下に転がり込んだ。場内は大騒ぎだ。ストンピングでドームが揺れる。髙田はセコンドからのタオルを手に、顔をゴシゴシと音がしそうなほど拭く。逆効果だ。余計にニンニクと山葵が目の中に染み込む。カウント20ギリギリでリングに戻る。どうなることかと思ったが、髙田はすぐに冷静さを取り戻し、ブックどおりに試合を進行した。

「20分経過！　20分経過！」

ケロのコールを合図に俺は髙田にドラゴンスクリューを決める。足首をしっかりと脇に抱えて捻りを加えた、本気のヤツだ。

「ぐうっ!!」

髙田が本気で痛がっているのがわかる。それから4の字固めへと移行する。リング中央でがっしりと決まる。ヤツが上半身を起こしてターンをしようとした。その時だった。俺は2発目の毒霧を噴いた。今度は赤だ。髙田の顔から胸板まで、まるで流血したように真っ赤に染まる。ヤツは本気で悶絶する。ざまあみろ。掌で拭おうとするが汗とともに否が応でも目に染み込む。顔を拭きたいだろうが、前田日明とてタオルを投げられない。TKO負けと判定されてしまう。高田はバターンと上半身をリングに横たえる。これでもまだ終わらない。フィニッシュは俺のほうから4の字固めを解き、動けなくなった高田に向かってムーンサルトプレスを連発する取り決めだった。

なのに――ああ、またしても破られた。高田はムクっと起き上がると、俺をコーナートップから叩き落とし、容赦なくこめかみを蹴飛ばしたあと、電光石火の腕ひしぎ逆十字を決めた。高田が腰を反らせる。俺の左腕が弓のようにしなる。タップするまでものの数秒とかからなかった。ドームは悲鳴に包まれた。

試合後、髪切りは強行された。椅子に座らされた俺は両端をがっしりとUインの若手に摑まれた。高田は銀色に光るハサミで俺の髪をむざむざと切り捨てていく。それに飽きると電気バリカンで非情にも剃り上げていった。

「これでいいだろう」

高田は電気バリカンを放り投げた。

巨大ビジョンを見て驚いた。中途半端に前頭部のみを剃ったため、あろうことか落武者のようだった。ドームが失笑に支配される。札止め6万人の観客がひとり残らず嗤(わら)っていた。俺は死にたいほどの絶望に苛まれた。

プロレスはゴールのないマラソン

ひとりぼっちの控え室に戻る。歴史は勝者がつくるという。ならば俺は歴史を書く資格を失ったのだろう。宮本武蔵になれなかった。永遠に敗者として記憶される。誰も敗れ去りし者の元へは来ない。チヤホヤしていた取り巻きがひとり去りふたり去り、みんなどこかへ消えてしまった。

だけど俺は自分に言い聞かせる。

「プロレスはゴールのないマラソンだ。自分は必ずまたトップランナーに返り咲く」

着替えを済ませて控え室を出ると、予想もしなかった人物が俺を待っていた。

「ムトちゃん……！」

「……ブッチャー」

同期の橋本真也が立っていた。大きな体を震わせながら涙を流している。

「オレ、オレ……悔しいよ！」

俺のほうが橋本を励ますことになった。背中で気配がする。

「ファッキン！」

俺と橋本が振り向く。黒のサングラスの男がいた。

「ふたりとも、俺を仲間外れにすることはないだろう」

こちらも同期の蝶野正洋だ。

「これからどうする?」

ブッチャーが俺に訊ねる。蝶野が答える。

「こんな会社、気に入らねえ。闘魂三銃士で新団体を旗揚げするか?」

ブッチャーが大声をあげる。

「やろう! オレたちならできる! 死ぬまで一緒だ!」

泣いた破壊王がもう笑った。蝶野が俺を見る。俺の返答を待っている。俺は答える。

「その前にやることがある。次こそ〝最強〟に勝つ。勝たなきゃいけない。だって俺は、〝天才〟なんだからな」

ブッチャーが涙を拭う。蝶野のサングラスの奥に光るものがある。

俺たちは通路を歩き、東京ドームを出る。信じられない光景があった。試合が終わってから数時間が経過しているというのに、帰らずに俺を待っていたファンが出口を占拠していた。

「武藤ーっ、あきらめるなよー!」

「俺たちは信じてるからな!」

「天才はこんなところで終わらない!」

期せずして「武藤」コールが起こる。蝶野とブッチャーが俺の肩に手を置く。俺は力強く頷く。

俺は「武藤」コールの花道を歩く。ああ、プロレスってやっぱり最高だ。

第3章 天才の〝素顔〟——リングの外側

武藤さんって
思ったことを口に出す人なんだな……

2007年1･4、武藤敬司、蝶野正洋
vs天山広吉、小島聡戦（東京ドーム）

証言

橋本かずみ

PROFILE

橋本かずみ　はしもと・かずみ●1966年、東京都生まれ。プロレスファン時代に橋本真也と出会い、91年に結婚。1男2女をもうけるが2005年3月に離婚。同年7月11日、橋本真也が急逝。前夫人の立場で葬儀に参列する。11年3月、長男・橋本大地が、橋本真也が旗揚げしたZERO－ONEの後継団体ZERO1でプロレスデビュー（対戦相手は蝶野正洋）。著書に『火宅～プロレスラー・橋本真也の愛と性』（宝島社）。

取材・文●金崎将敬

「武藤さんと初めて会ったのは、私たちが結婚する前の年だったかな？　新日本プロレスが札幌で試合をやった時だと思います」

そう言って30年以上も前の記憶を絞り出してくれたのは橋本かずみさん。言うまでもなく〝破壊王〟橋本真也の元妻である。

「どうしてなのかは覚えていないんですけど、当時、なぜか山本小鉄さんと仲良くなって。地方の試合を観に行く時には、まず新日本の事務所に電話をして、小鉄さんにつないでもらったんですよ。ほら、その頃はまだケータイとかなかったので、そうするしか連絡の取りようがなくて。それで小鉄さんに『今度の札幌大会に行きたいんですけど、選手はどこのホテルに泊まるんですか？』と聞くと、すぐに教えてくれて（笑）。それで同じホテルを予約していたんです」

武藤のお尻の魅力について熱弁された

橋本真也とかずみさんが結婚したのは1991年。その前の年で、武藤敬司が凱旋帰国をはたしたタイミングから絞り込むと、おそらく、ここでいう「札幌の試合」とは90年7月22日の月寒グリーンドーム大会と思われる。

この日のメインイベントは武藤、蝶野正洋vsザ・ロードウォリアーズのドリームタッグマッチ（ウォリアーズはこのシリーズが新日本初参戦）。橋本真也はセミファイナルでソ連の柔道家、アレキセイ・チューリンと異種格闘技戦で激突。地方でのビッグマッチの主要カードを闘魂三銃士だけで構成してみよう、というなかなか意欲的なマッチメイク。この時はプロレスに転向したばかりの元横綱・北尾光司という地方興行における超・目玉商品を擁していたとはいえ、まさに闘魂三銃士が主役の黄金時代の幕開け、といっても過言ではないし、その夜にのちの橋本真也夫人が武藤と初対面を果たしている、というのも、趣き深いめぐり合わせではないか。

「試合後、私は橋本を待っていたんですけど、小鉄さんに連れられて、先にお店に入っていたんですね。古いキャバレーのようなお店で、大きなボックスシートのような席に座っていたんですけど、そこにやってきたのが武藤さんだったんですよ。それが初対面でした。

初対面ですけど、もちろん武藤さんのことは知ってましたよ。その日も直前まで会場で試合を見ていたわけですから、どんなカードだったかは覚えていませんけど（苦笑）。ただ武藤さんのイメージって、プロレスラーというよりも映画『光る女』の時の大きくてカッコいいイメージが強くて、それは実際にお会いしても変わらなかったですね」

ここでまさかの『光る女』エピソード！　しかも、そこには武藤夫人の久恵さんの言葉があった。

「たしか、あの映画のラストシーンって武藤さんが船の先端に立った後ろ姿なんですよ。ごめんなさい、ストーリーはまったく記憶にないです（笑）。なんでそのシーンが印象に残っているかというと、久恵さんに『ねえ、あの映画見た？』って言われて。そこからスクリーンに映った武藤さんの後ろ姿というか、お尻の魅力について熱弁されたんですよ。『うちの旦那、本当にカッコいいお尻。惚れ惚れする』って。それで覚えてるんですよ」

そんな「三銃士の妻たち」のエピソードは後述するとして、気になるのは初対面の武藤とどんな言葉を交わしたのか、である。

「お酒の席だし、私も酔っていたから、たいした話はしていないんですよ。ただ、その時にちょっと大きな指輪をしていたら、武藤さんが『これ、なに?』って。『ダイヤモンドです』と答えたら『これ、ホンモノなの? 高そうだよねぇ〜』って言ったんですよ。あぁ、武藤さんってそうやって思ったことを、口に出す人なんだなって思いましたね。

さっきも言いましたけどボックス席に座っていたので、周りの様子が見えなかったんですよ。だから、遅れて橋本がやってきたことにも気がつかなくて。向こうは私がいるのを知っているから、わざわざ私がプレゼントしたTシャツに着替えてきたらしいんですけど、店に入ったら、私が武藤さんの横で酔っぱらって楽しそうに話していて、自分に気づかない。それで橋本が怒っちゃって、その場でTシャツを脱いで、そのままゴミ箱に捨ててしまった(笑)。そんなこともありました」

夫人によく聞かされた武藤の育毛エピソード

いかにも武藤らしく、なんとも橋本真也らしいエピソードではないか。リングでのファイトとオフ・ザ・リングでの素顔がリンクしてくるあたりがまた魅力的なのだが、リングを降りても三銃士は仲が良く、交遊関係にあった。

「そうですね、あの頃はよく〝6人〟で遊びましたね」

6人、ということは三銃士がそれぞれ夫人同伴でオフを楽しんでいたことになる。ちょっと想像しただけで豪勢なデートシーンになってしまうが、実際にはそんな華やかなものではなかったようだ。

「プロレスラーって目立つじゃないですか？　だから、あんまり一緒に外へ出かけることもできなくて、それでお互いの家に遊びに行くようになったんです。家の中なら周りに気兼ねする必要もないし、よく集まってましたね。

別になにをするわけでもないんですよ。一緒にお酒を飲んで、ご飯を食べて、ああでもないこうでもない、と話をするだけ。プロレスについてはほとんど話していなかったですよ。長州さんや健ちゃん（佐々木健介）の話で盛り上がったりはしてましたけど、それってサラリーマンでもよくあることでしょ？　上司や同僚の悪口を肴に飲むことって。そのレベルの話で、真剣にプロレスについて語り合っているところは見たことないです」

完全に仕事を忘れて、ただただリラックスするだけの場として、それぞれの自宅を行き来していた三銃士。橋本家に集まる時にはやはり料理がメインになったという。

「橋本が料理をつくるのが好きだったので、みんなが集まる日には朝から買い出しに行って、お肉を塊で買ってくるんですよ。それを分厚く3センチぐらいに切り分けて、タレに漬けこんで、みんなが来るのを待っているんですけど、やっぱりね、そういう時ってたくさんつくりすぎちゃって食べきれなくなるじゃないですか？　そうしたら、武藤さんが『久恵、失敗したな。家からタッパー持ってくればよかったよ。この肉、持って帰ればさ、明日、野菜だけ買えば済んだじゃん』って言うんですよ。いやぁ、ウチにも子供がいるし（笑）、明日、余ったお肉でBBQとかしたいんだけどなぁ～と思いつつ、お肉を持って帰ってもらいましたよ。タッパーもお貸しして」

近年、プロ野球の世界でも夫人会の存在がクローズアップされるようになったが、プロレス業界でも1990年代から夫人同士の交流はあったのだ。

「いまでは信じられないかもしれないですけど、景気のいい時には社員旅行があって、家族同伴で海外に行けたんですよ。ただ、その時には武藤家、蝶野家とは一緒にならなかった。ハワイかロスかを選べたので、ひょっとしたらロスに行っていたのかな、武藤さんたちは。

久恵さんとは旦那抜きでも一緒に遊んだりしてましたね。そういえば武藤さんが育毛している話もよく聞きました。こういう育毛剤を使っているとか、高い頭皮マッサージの機械を買ったとか。頭皮マッサージをやりすぎて、頭から血が出ちゃって、それがカサブタになって大変だ、みたいな話。武藤さん本人だったか、久恵さんから聞いたのか忘れましたけど、薄くなりかけた頃に『ハゲたらスキンヘッドにする』と聞いていたので、実際に剃って試合に出た（2000年大晦日「INOKI BOM-BA-YE!」）って聞いた時も驚かなかったです。あっ、本当にスキンヘッドにしたのね、と。似合うからいいじゃないって」

武藤家との交流がなくなって

なかなかデリケートな話まで奥さん同士で交わしていたことには驚くが、久恵夫人の話からは〝武藤敬司LOVE〟がひしひしと伝わってきた、という。

「結婚式の話をしていた時、久恵さんに『自分たちの結婚式のビデオ、何回ぐらい見た？』って聞かれたんです。だいたい1回か2回ぐらいかな、と答えたら『えっ？　ウチはテープが擦りきれるほど見たよ』と言われて、ちょっとびっくりしました。なんか、そういう部分も含めて、お互いに〝合う〟夫婦なんでしょうね。武藤さんのことが大好きというか、私たちがお互いの家を行き来していた頃はまだ結婚して何年も経っていなかったから、そうでなきゃ、逆に困るんだけど（笑）」

お互いの家を行き来していた頃、と過去型になっているのは、家族ぐるみでオフを楽しんでいた期間は長くは続かなかったことを意味している。これは決して仲違いをしたわけではなく、武藤と橋本真也がIWGPヘビー級王座を争うようになり、蝶野がnWoを率いて正規軍と敵対することになったタイミングで、ひとつのケジメとして、そういった交流をやめたのだという。自宅で会っている分には誰にもバレないからよさそうなものだが、このあたりがメジャー団体ならではのシビアな線引きなのだろう。

「実際には蝶野家とは、その後も交流が続いていたんですよ。家が近かったので旦那が亡くなってからも遊びに行ったり、子供だけでお邪魔したりしていました。つい先日も大地（橋本真也の長男）のデビュー10周年記念のガウンを（蝶野夫人の）マルティーノがデザインしてくれましたからね。ただ、なぜだか武藤家とはそれっきり交流がなくなってしまって……お子さんが産まれたあとに久恵さんが顔を見せに来てくれたぐらいで、それこそ、橋本の10回忌イベント（15年7月13日、後楽園ホール『橋本真也復活祭』）の記者会見で20年ぶりぐらいに武藤さんと顔を合わせたんじゃないかな？」

ただのライバルではなくて〝ともだち〟だった

武藤との長きにわたる空白期間。

その間、橋本真也は小川直也との1・4事変や新日本退団など、様々な事件に巻き込まれていくが、武藤が橋本家を訪れたことも、電話をかけてきたこともなかったという。逆に橋本真也は家庭で武藤のことをどう語っていたのだろうか？

「基本的に橋本は家にはプロレスの話を持ち込まない主義だったんですよ。これは私が悪いんですけど、プロレスについて疑問に感じる〝あること〟を聞いたら、板の間に2時間、正座させられて『二度と口出しするな！』と。それ以来、家ではプロレスの話ができなくなったんです。橋本は死ぬまでプロレスの〝裏の部分〟を私たち家族にはいっさい、しゃべりませんでしたから。

ただ、橋本がヒザをケガして中国で治療を受けていた時、ちょうど東京ドームで試合があって（91年3月21日。武藤はムタとしてスティングと夢の一騎討ち）、さすがにその時は『いま頃二人（武藤、蝶野）ともドームでスポットライトを浴びているのに、俺は自分の力で階段を上ることすらできない……』と二人と比較して病んでましたし、武藤さんがIWGPのチャンピオンになって、蝶野さんがG1で優勝したりしていた時期には『なんで俺だけ……』と愚痴っていたこともありました。それでも武藤さんと蝶野さんの悪口だけは絶対に言わなかったですね。ただのライバルではなくて〝ともだち〟だったんでしょうね。

武藤さんのことは天才だと認めていたと思います。それでも自分にないものを持っていることは羨ましかったようで『ムトちゃんはいいよな。女の声援がすごいんだよ。俺なんて男の声しか飛ばない』とはよく言ってました。あと武藤さんのテーマ曲の替え歌（『HOLD OUT』の旋律に合わせて『♪ムトちゃんはハゲる〜』と歌うもの）は家にいる時、ずっと口ずさんでました（笑）」

橋本真也がZERO-ONEを旗揚げした01年の翌年には、武藤は新日本を離れて、全日本プロレスの社長に。そこで再びリングでの接点が生まれた。

「武藤さんのスキンヘッドにも驚かなかったですけど、新日本退団もとくには驚きませんでした。

もう、みんな自分たちの道を往くんだろうな、と感じていたので。むしろ蝶野さんが新日本に残ったことのほうが驚きでしたね。絶対に自分でなにかを始めると思っていたので、えっ、残るんだ?って。

武藤さんの全日本と絡む頃は、もうZERO-ONEが大変な状況になっていたので、感慨とかはなかったと思います。生き延びるためにはやらなくちゃいけない、というレベルの話なので……」

「タレントさん的な活動でのご活躍をお祈りします」

橋本真也の急逝から6年後、橋本大地がZERO-ONEの後継団体ZERO1でプロレスラーとしてデビュー(11年3月6日、両国国技館)。対戦相手を蝶野が務め、リングサイドの実況席に武藤が解説者として陣取ったことで〝闘魂三銃士揃い踏み〟とメディアとファンは大いに盛り上がった。当然、かずみさんもその場に居合わせているが、残念ながら武藤とは会えなかった。

「あの頃は(中村)祥之さん(当時のZERO1代表)が厳しくて、私が行ってもバックステージに入れさせてくれなかったんですよ。だから、他のレスラーの方とも顔を合わせることもほとんどなくて。さすがにデビュー戦が終わったあとは控室に通してもらいましたけど、武藤さんはいらっしゃらなかったです」

疎遠になってしまった現在、かずみさんは武藤がプロレスリング・ノアの所属になったことも、引退試合の詳しい日程も知らなかった。

「大地から武藤さんが手術したよ、という話を聞くぐらいなので。そもそも大地の活動もInstagramで知るぐらいなんですけどね（苦笑）。膝だけじゃなくて、股関節も手術したんですか？　やっぱりプロレスラーって因果な商売ですね。それでも橋本や武藤さんの世代は稼げていた時期もあったし、いまでもこんなに知名度があるんですから、まだ幸せだったんだと思いますよ。

最後に武藤さんへ一言ですか？　本当に長い間、お疲れさまでした。武藤さんはリングを降りても、タレントさん的な活動はされるんですよね？　そちらでのご活躍をお祈りします。引退試合は東京ドームなんですか。やっぱりイッテンヨン？　えっ、イッテンヨンも出て、また別の日に!?　すごいですね」

武藤が引退発表の記者会見で「橋本も三沢社長も引退試合をしていない。その人たちの分も背負って、東京ドームでやりたい」と発言したことを伝えると、かずみさんはキョトンとした表情を浮かべた。

感無量になるのかと思っていたので、いささか拍子抜けだったが、橋本真也が現役バリバリの時に逝ってしまったから、おそらく引退とか引退試合という概念自体がかずみさんにはないのだろう。橋本真也への想いを背負った武藤のラストマッチは、ぜひ見届けてほしかったのだが――。

世間にウケるまで10年やり続けた武藤のモノマネ

2006年3月21日、全日本プロレスのファン感謝デーで行われた武藤敬司、神奈月vs小島聡、イジリー岡田戦（後楽園ホール）

証言

神奈月

PROFILE

神奈月 かんなづき●1965年、岐阜県生まれ。高校卒業後に上京し、ショーパブなどでモノマネ芸人として活動。95年から『ものまねバトル』と後番組『ものまねグランプリ』（日本テレビ系）に現在まで連続出場。2000年から太田プロダクション所属。06年3月の全日本プロレスのファン感謝デー興行で、武藤敬司に扮して本物の武藤とタッグを初結成。長州力、天龍源一郎、小橋建太、馳浩、アンドレ・ザ・ジャイアント、前田日明などプロレスラーのモノマネレパートリーは日本一。

文●早川満

神奈月が武藤敬司のモノマネを始めたのは2000年の大晦日「INOKI BOM-BA-YE！」のあとのこと。同大会のメインイベントは武藤、髙田延彦vsドン・フライ。コールを受けた武藤が入場時からずっと被っていたガウンのフードを取ると、スキンヘッドのニュー武藤が現れた。この時の変身の理由を武藤は「当時、ストーンコールド（スティーブ・オースチン）とか、ゴールドバーグとか、髪の毛がないヤツがカッコよく二枚目を気取ってやっていたから、それをイメージした」と語っている。

「テレビでスキンヘッドとロングパンツになったビジュアルを見て、それまでの武藤敬司像からは思いもよらない姿に衝撃を受けて『これはモノマネをするべきじゃないか』と思いました。

武藤さんの試合自体は新日本の若手時代から見ていたし、その頃から長州力さんや馳浩さんなどのプロレスラーのモノマネもやっていました。AKIRAさんから『ちょっと武藤さんに似てますよねえ』と言われたこともあったんだけど、その時までは実際にやろうとは思ってもいなかったです。芸能人のモノマネでもジャニーズ系のようなシュッとして格好いい人は、どの部分を出せば面白くなるかというのが難しいんですよ。スペース・ローンウルフとかセクシーターザン時代の武藤さんもそれと同じ感じだったんですよね。

だから僕がモノマネをやり出したのはスキンヘッドになってからです。馳さんや長州さんの試合中の甲高い声みたいな、ちょっと突っ込む隙があるぐらいの人のほうがモノマネはしやすい。

それに昔の武藤さんはフランケンシュタイナーとかバンバンやったり、リングインにしてもいちばん上のロープから回転して入ったりしていたじゃないですか。モノマネであのムーブはできない。だけどヒザを悪くされてからの低空ドロップキックとかはなんとか自分でもできるなあっていうところもありました」

芸人にウケても一般にはウケなかった武藤モノマネ

「これは！」と思って始めた武藤モノマネだったが、最初の頃はまったく一般のお客さんに伝わらなかったという。

「プロレスファンしかスキンヘッドの武藤さんを知らなかったんですよ。だからヒザの悪い歩き方をやっても、周りのプロレス好きな芸人には大ウケするけど会場はまったくウケない。『ヒザ痛えよ〜！』とか言っても『この人はなにをやってるんだろう？』みたいな。神奈月自身が本当にヒザを痛めてるんじゃないかと思われたりもしました。

まあもともとが、ひな壇は盛り上がっているけど会場はそうでもないという部類の芸風だったから、『男がウケてりゃいいか』みたいな感じでくじけずにやり続けました。

実際に舞台袖やひな壇で見ている芸人仲間がウケていたから『これは続けるべきじゃないか』というふうにベクトルを持っていったんです。

そうして20年ちょっとの間ずっと武藤さんのモノマネをやってきて、最初の10年ぐらいは一般にはまったく伝わらなかったけど、そのうちおかしなことに、出て行って『ウワァ』ってヒザを痛めたしぐさをするだけで一般の人も笑ってくれるようになりました。やっぱりここまでやり続けていかないと浸透しないんですよね。のちに武藤さんからも『プロレスもモノマネも認められるまでに時間がかかる、アナログだよな』というようなことを言われました」

プロレスファン以外にまで「ヒザが悪い」といった武藤のキャラクターが知られるようになったのは、神奈月のモノマネによるところが大きかった。東京ドームでの引退試合という華々しい最後を迎えることができるのも、いくらかは神奈月の力によるところがあったのではないか。

「ちょっとでも武藤さんの人気に貢献しているのならありがたいことだと思います。だけど引退が決まってからもアメリカでムタがスティングの救出に入ったりして（22年9月22日、アメリカAEWクイーンズ大会にグレート・ムタが突如として出現。リング上で後ろ手に縛られていたかつてのライバル、スティングを救出）、そうやっていまだに海外でも話題になるのだから、やっぱりすごい功績を残してきたんだなといまになって改めて感じています。

最近は仲良くさせてもらって一緒に飲みに行っても『なんか面白いおじさんだな』っていうふうな感じですけど、やっぱりプロレスラー武藤敬司はすごい。いまの時代にプロレスラーが引退試合を東京ドームでやるんですからね。髙田延彦さんや（獣神サンダー・）ライガーさんもラストマッチは東京ドームだったけど、メインを張ったのは猪木さん以来じゃないですか？」

難色を示されたゴールデン帯での武藤モノマネ

武藤のモノマネは深夜帯のテレビでは好評を博したが、それでもゴールデン帯では「猪木、馬場や長州ならともかく、武藤はマニアックすぎる」などとテレビ局関係者に言われていた。

「ウッチャンナンチャンが年末にやった深夜の番組で、芸人がプロレスラーのモノマネをして女子プロレスラーと戦ったりとか、『アメトーーク！』でやったりとかしましたけど、ゴールデン帯ではできなかった。

初めてのゴールデン披露がいつかは覚えていないですけど、『これ、ウケますよ』と言っても『ちょっとやめときましょう』みたいなことが続いて、それでもなんとかモノマネ番組でやることになった。そこで『ご本人登場』みたいな形で新日本を辞めたばかりの頃の武藤さんが出てきたら、とてつもない歓声が沸き起こったんですね。知名度はしっかりあったんですよ。しかも引退したレスラーじゃない現役バリバリで体もデカいから迫力が全然違う。僕は心の中で『ほーらみろ、ほーらみろ』『ホンモノが出てくればこんなに盛り上がるんだぜ』なんて思っていました（笑）。

そこから各局で取り上げてくれるようになって、武藤さんがやられていた『プロレスの砦』というCSのサムライTVの番組にも僕を呼んでくださいました。そこで武藤さんから『オレ、見た瞬間にそっくりだと思ったよぉ～』と言ってもらえたので『ああこれは公認ということだな』

と（笑）。そういうチャレンジを繰り返した結果、いまではゴールデンでも『ぜひ武藤さんを』って言われるようになって、こっちが『いいんですか、日曜の真っ昼間ですよ？』みたいなことになってます」

テレビにとどまらず、リングにも進出することになった。06年3月21日、全日本プロレスのファン感謝デー興行で神奈月は武藤に扮し、武藤本人とタッグを結成。小島聡&イジリー岡田（三沢光晴のモノマネ）組と実際に試合を行った。さらに同年12月15日には「F－1（フェイク・ワン）タッグ選手権」として、武藤とのタッグで天山広吉&原口あきまさ（蝶野正洋のモノマネ）組と対戦。これに勝利して、同王座の初代王者となった。15年にはWRESTLE－1でも武藤とのタッグで、征矢学&スギちゃん組を破って王座に就いている。

「タッグを組んで試合をした時は『自分流で好きにやってくれよ』みたいな感じで、武藤さんからのアドバイスとかなにか教えてもらったということはとくにありませんでしたね。

全日本の『武藤祭り』という大会では（07年6月10日）、みんな武藤さんになって時間差で出てきて戦う『武藤ランブル』というのがあって、そこに武藤刑事（ムトウ・デカ）っていう武藤さんのそっくりさんがいたんですね。どこか地方でやっている芸人で外見はそっくりさんだけど、ムーブはそんなにできない。それでリング上で動きとかを練習している時に、刑事がなにも技ができない様子を見ていた武藤さんが『神ちゃん、4の字固めとか教えてやれば？』と言って、僕が『足をこんな感じにして』って4の字を教えたことがありました。武藤さんは脇で見ているだけで刑事に『お前へタクソだなあ』って。だから僕はどちらかというとレスラー側に見られていたのかもしれませんね（笑）。

清宮（海斗）選手と対戦したあとのコメントでも、清宮さんがドラゴンスクリューとかをやったことに対して『あんなしょっぱいの、あれだったら神奈月のほうが巧いよ』とか言ってたじゃないですか（22年7月16日、日本武道館。ドラゴンスクリューからの足4の字で清宮が勝利）」

武藤を〝イジっていい〟存在にした神奈月

モノマネをやり始めてからの武藤のいちばん好きな試合は数多くある神奈月だが、とくに印象深いのは、08年4月27日、新日本の大阪府立体育館大会での中邑真輔戦だという。王者が中邑で挑戦者が武藤のIWGPヘビー級戦だった。試合は武藤が勝利し、8年4カ月ぶりのIWGP戴冠となった。

「その試合で武藤さんは、ロープ際でドラゴンスクリューを中邑選手の首に仕掛けたんですね。そういう思いもよらない動きが出ると『ウオッ！』と思うじゃないですか。

その技がずっと印象に残っていて、曙さんとはなわ（武蔵丸のモノマネ）のタッグと戦った試合では、はなわの髪の毛のとんがった部分に『ツノスクリュー』をやりましたよ。ちゃんとはなわも回転してくれました（笑）。

ファンの想像を超えていくような試合が印象に残っていて、レフェリーを踏み台にして放ったシャイニングウイザードも『そういう使い方をするか』と驚いて、イジリーとの試合で真似していいます（06年3月21日、後楽園ホール。和田京平レフェリーを踏み台にして、イジリー岡田にシャイニングウイザードを決めて勝利）。

武藤さんのDVDももちろん購入していますし、05年ぐらいまではずっとプロレスの試合は全部ビデオに撮って、これはよかったなという試合を別個にダビングしていたんですよ。だからVHSのテープはかなりたくさんありますね。それをDVDに変換しようとすると大変な作業になるからいまは箱にしまっちゃってますけど。

モノマネのためじゃなくて完全に趣味だったんですが、それがあったから『あの時になにを言っていたかな』とか『どんな決まり手だったかな』というのを確認することができて、武藤さんだけじゃなくて長州さんとかのモノマネの資料にもなっています」

最近の武藤は長州力と一緒にバラエティ番組に出演するなどテレビの露出が増え、それとともに神奈月も武藤モノマネのレパートリーを増やしているという。

「全日本の社長時代にもよくテレビのバラエティなんかに出ていましたけど、その頃は周りが武藤さんのことをイジっていいのかどうか、わからないようなところもあったように見えました。そんな〝レスラー・武藤〟のイメージを崩しちゃったのは僕なんじゃないかな。

ごはんを一緒に食べさせてもらったりF－1とかの会場で話をさせてもらっていると、やっぱり武藤さんって基本は明るい人じゃないですか。引退してからはそういった部分がもっと、バラエティなんかで活きてくるんじゃないですか？

長州さんみたいな表現も面白いんだけど、武藤さんの雑すぎる言い方も面白いんですよ。前にＮＨＫの旅番組だったかな？　食レポをしていて、おでんかなにかが鍋に刺してあるのを見て『これ八つ墓村だよ』とか言って。普通は食べものにそんな表現しないじゃないですか。だけど思ったことを素直に口に出すから面白い。

最近はそんな武藤さんの素のしゃべり方とかもモノマネしています。『おい、トイレどこだよ』『20メートルぐらい先のところです』『20メートル？　遠いよぉ～』みたいな。そういうしゃべりのネタでも男は何人かがクスクスって笑うんですけど、女性は『何をそんなに面白がってるんだろう』ってなる。やっぱりこれはプロレス好きじゃないと伝わりませんね（笑）。

武藤さんのムーブまでは伝わったけど性格まではまだ伝わらなくて、しゃべりのネタをやっていると『早くヒザを痛めてよ』という空気になっちゃうんです」

引退後にＦ－１タッグで武藤が復帰!?

22年暮れの段階では、武藤とプライベートで会うことはあっても引退ロードに関するオファーはないという。それでもいつお呼びがかかってもいいように、引退ロードの試合予定日はすべてスケジュールを空けているのだとか。

「酒の席なんかに呼ばれるのは3カ月とか4カ月に1回ぐらいですかね。僕が知り合った時にはもう全日本の社長だったから、酒の席で乱れることはなかったですよ。相手もスポンサーさんだったり会社絡みの席が多かったから、あんまり泥酔もできなかったんだと思います。そういう席では割とリップサービスとか、しゃべって楽しませるとかをしていて『さすが社長業だなあ』みたいな。それで帰り際に『神ちゃん、あれだけ楽しんでくれたんだからいいだろう』なんて言う、割と冷静な武藤敬司がいるんです。

全日本を辞めてどうするとかWRESTLE－1を立ち上げてどうこうとかっていう深いところの話はないですね。それでも内心が顔に出ちゃう人だから、一緒に食事や仕事をしている時に、なんとなくちょっと疲れて見えるなという雰囲気とか、なにか悩んでるなというのを感じることはありました。

でも、WRESTLE－1を休止する時は悩んだ様子ではなくて、『もうこれからは俺も役職とかやらなくなるから、ちょっと楽になるなあ』って、肩の荷が下りたような感じに見えました。実際、前から『役職なんてやらないほうがいい。面倒くせえんだよ』とか言っていましたから（笑）。

僕が武藤さんと話す内容は『今度のファン感謝デーではどうやって仕掛けていこうか』とか、『神ちゃんから見て、いまのプロレスはなにをやったら盛り上がるかなあ』とか、そういうことが多かったですね。

『どうやって芸能界に入ったの？』とか『どうやって生き延びてきたの？』といった話を質問してきたりとか。別のジャンルの人がいれば、『ああいう時にはどうしたんですか？』といったことを聞いて、『それ面白いよねえ。プロレスでもできるよねえ』と、それを自分のプロレスの世界のほうに取り入れようとする。

僕が18年にモノマネで年間完全制覇みたいなことで優勝をしたあとには『もう神ちゃん、あとは若手のカマせになるだけだから』って言ってきて、そういう見方をするんだ、すげえ見方だなあと思いましたね。普通だったら『来年も頑張って優勝目指してよ』っていう感じじゃないですか。だけど武藤さんは『頂点を極めちまったら、あとはカマせるだけだからよぉ』『こっちはそういう世界なんだ。プロレスもモノマネも同じだよ』と。いやこっちは個人でやってるんですよ、と思いつつも（笑）、そういう見方もあるんだなあって感心したりもします。武藤さんの世代の選手がもう第一線で試合をしていなくて、プロレスファンの最後の砦になっているから、そういう考えにもなるんですかね。

でも僕が一緒に食事をしている時に、言っていましたよ。『俺のカテゴリーのなかでさあ、武藤敬司とかグレート・ムタとかあるけどさあ、一応F－1タッグっていうのもあるからよう』って。奥さんからも『F－1タッグなら引退したあとでもできるんじゃない？』って言われたそうですよ。実際にどうなるかはわかりませんけど、第一線でバリバリ戦う武藤敬司とは違う形で、リングに上がるという含みは残っているのかもしれませんよね」

ももいろクローバーZに継承される武藤の〝美学〟

2011年10月23日、全日本プロレスにももいろクローバーZが参戦（両国国技館）

証言

小島和宏

PROFILE

小島和宏 こじま・かずひろ●1968年、茨城県生まれ。1989年、大学在学中に『週刊プロレス』(ベースボールマガジン社)の記者としてデビュー。大仁田厚のFMW、ザ・グレート・サスケのみちのくプロレス、そして対抗戦全盛期の全日本女子プロレスなどを担当し、活字プロレス黄金時代を駆け抜ける。フリー転向後、活躍のフィールドを広げ、お笑い、特撮、サブカルチャーなど幅広く取材・執筆を重ねる。現在、ももいろクローバーZの公式記者としても活躍。著書に『ぼくの週プロ青春記 90年代プロレス全盛期と、その真実』(朝日文庫)、『ももクロ×プロレス』(ワニブックス)、『FMWをつくった男たち』(彩図社)など多数。

書籍『ももクロ×プロレス』

文●小島和宏

武藤敬司の黄金時代ともいえる1990年代前半。たしかに僕は『週刊プロレス』編集部に在籍していた。

鮮烈な凱旋帰国を果たした東京ベイNKホールにもいたし、Uインターとの全面対抗戦も当然のことながら現地にいた。

ただ、それは武藤敬司の取材というわけではなく、新日本プロレス担当記者のサポート役として現場入りしていただけの話（Uインターとの全面対抗戦に至っては、幻の蝶野正洋vs宮戸優光戦を担当予定だったので、仕事らしい仕事はなにもしていない）。地方興行での武藤の試合レポートを書くことはあっても、ビッグマッチの記事を書くことはほとんどなかった。

というのも、90年4月に武藤が凱旋帰国したタイミングで、日本マット界にインディー団体がジワジワと増え始め、僕はそちらの取材をメインにしていくことになったからだ。ある意味、武藤敬司はもっとも遠いところに位置する取材対象だった。

面白いもので、その後、グレート・ムタvsグレート・ニタという、僕にとっていちばん近しい取材対象との一騎討ちが組まれたのだが、インディー取材に舵を切りすぎた僕は、その日、大阪プロレスの定期戦に出向いており、神宮球場には行かなかった。その事実を知った大仁田厚が激昂し、その後、8年間、絶縁状態になってしまう、というオマケまでついてしまった。

それほどまでに縁遠かった武藤が、僕の著書のメインゲストとして登場することになるのだから、人生、本当にわからない。

ももクロのコンサートに武藤が登場

すべてのきっかけは、ももいろクローバーZだった。

2011年4月10日、中野サンプラザで開催されたももクロのコンサートに突然、武藤敬司が登場した。彼女たちの楽曲「Chai Maxx」のなかにプロレスLOVEポーズが出てくるので、その縁で曲の最中に武藤が……と思ったら、出てきたのはものまね芸人の神奈月。そりゃ、こんなところに本物がくるはずないか（当時のももクロはまだ無名だった）、と誰もが油断したところで、神奈月に対する「ご本人登場」的な演出で武藤敬司、見参！　これには超満員の観客がドッと沸いた。

以降、ももクロのトークショーに武藤が登壇したり、両国国技館でのグレート・ムタのセコンドにペイントをしたももクロがつくなど、プロレスファンが知らないところで武藤敬司とももクロの共演は点と点から「線」へとなっていった。

いちばん驚いたのは19年夏に西武ドームで開催された「MOMOCLO MANIA」（言うまでもなく、あの春の祭典のオマージュである）にグレート・ムタが降臨したことだ。

この年はももクロ流のオリンピック開会式をやってみたら、がショーのテーマ。そこで海外でも知名度がある日本人をゲストに招こう、となって、真っ先に名前が挙がったのがムタだった。

とはいえ、この話はまとまらないだろう、と高を括っていた。プロレスのリングでもプレミアムな存在のムタである。しかも、魔界と連絡をとって、みたいな段取りを踏まなくてはいけないわけで（あのハッスルのリングでも、そのあたりの設定はちゃんとしていた）、プロレスとも魔界とも関係のないところに出てくるわけはないだろう、と。

そんなこんなで完全に油断していた僕は、リハーサルですっかり汗をかいてしまったので、獣神サンダー・ライガーとＥＤＷＩＮのコラボＴシャツに着替えてバックステージをフラフラしていたら、なんとムタの代理人こと武藤敬司とバッタリ出会っちゃったのだ。

「お前！　俺がいるっていうのにライガーのＴシャツって……」

おっしゃることはごもっともだが、本当にムタが来るとは思っていなかったので、これは本当に流れ弾を食らってしまったようものである。

椅子から立ち上がった武藤は、こちらを指差して、さらになにかを言おうとしていたが、急に冷静になって「まぁ、いいか……」と言いながらゆっくりと腰をおろした。ここがプロレス会場だったら、もっと違う展開になっていたような気もするが、これもまたアイドル現場でしか見られない武藤敬司の一面なのかもしれない。

いったいムタがアイドルのコンサートでなにをするのか？　と疑問に思う方もいらっしゃるだろう。この日のメインステージはコロッセオ風につくられていたのだが、コンサートの中盤にいきなりムタが現れてセットに向かって毒霧を噴射すると、一瞬にしてセットが和風なものに転換する、という大仕掛けのコンダクター役。巨大な西武ドームでこの役回りをこなせるのは、どうしても知名度のある人物でなくてはいけなかった。このあとは歌っているももクロを追いかけ回す、というお約束になるのだが、メンバーが怖がって本気で逃げるから、全力で追いかけるムタの膝の具合が気になって気になって……一連のももクロとの絡みは映像ソフト化されているので、引退前に武藤敬司とのグレート・ムタの思い出を完全に振り返りたい方はプロレス史には載っていない、これらの活躍も是非ともご確認し、補完していただきたい。

百田夏菜子の対戦相手は武藤しかいない

週プロ時代にはまったくもって縁がなかった武藤敬司を、まさかのアイドル絡みで取材するようになった。

そして、16年に僕が書いた『ももクロ×プロレス』（ワニブックス）ではスペシャルゲストとして登場していただくこととなった。

この本のメインイベントはメンバーとプロレスラーによる対談。他のメンバーは天龍源一郎、越中詩郎、飯伏幸太、そして女子プロレスラーの岩谷麻優（スターダム）といった面々と対談を済ませていたが、センターを張る百田夏菜子の対戦相手だけがなかなか決まらなかった。

いや、そう書くと語弊（ごへい）がある。

百田夏菜子の対戦相手は武藤敬司しかいない、と早い段階から決まっていたのだが、お互いに多忙を極めており、どうにもスケジュールが合わない。このままだと本の発売日に間に合わないかも、というところまで追い詰められていた。

普通なら代役を立てるところだが、何度考えても、武藤の代わりになるプロレスラーが思いつかない。唯一、頭をよぎったのはアントニオ猪木だけ。武藤か猪木の二択になった瞬間、改めて武藤の存在の大きさを知ることとなった。

結局、「なにがなんでも武藤敬司で！」というのが僕とももクロサイドの揺るがぬ方針として固まった。発売延期もやむなし、という覚悟で動いていたのだが、この日を過ぎたら、もう発売日に間に合わない、というギリギリのタイミングで武藤と百田夏菜子のスケジュールが、ほんの数時間だけ、奇跡的にハマった。まさにミラクルである！

先にスタジオ入りして待っていたのだが、百田夏菜子は「きっと私のことなんて覚えていないよねぇ……」とつぶやいた。無名時代の共演だから、ももクロ側からしたらインパクトがあったし、いろいろなことを覚えているけど、天下の武藤敬司が無名アイドルとの共演なんて覚えているのだろうか、と。

それはそれで武藤節全開になって面白いな、と思ったのだが、蓋を開けてびっくり。武藤はびっくりするぐらい鮮明に当時のことを覚えていた。会場の形状から、交わした言葉まで、すべて。

武藤VSオタービオ戦のような不思議な緊張感

武藤にかぎらず、僕の本に登場してくれたレスラーは、みなさん、プロレスについての知識がないアイドルにも理解できるように、とにかくわかりやすい言葉で、やさしく語ってくれた。もちろん彼らのプロレス哲学は確固たるものがあるのだが、プロレス雑誌や東スポのインタビューに答える時とはまったく違う語り口だったので、いちいち感心してしまった。プロレスって言語化すると面白い。

これでひと安心、と思いきや、大事なことを忘れていた。アイドルの仕事をやっていると、たとえば恋愛についての話だったり、グループの解散についてだったり、という話は基本的に聞かない。タブーとまではいわないが、聞いたところで記事にならない、デリケート案件だからだ。

そのデリケートな部分に武藤はストレートに切り込んでくる。普段ならあり得ないことなので、百田夏菜子も一瞬たじろいだが、さすがに質問から逃げるわけにはいかない。まるで武藤敬司vsペドロ・オタービオ戦のような不思議な緊張感が走った。

その流れで武藤敬司はももクロの方向性についてアドバイスをした。エンターテインメントの世界でいちばん怖いのはマンネリ。それを避けるためにももクロを分裂させて、敵味方に別れてみるのはどうか、と。

プロレス文脈でいえば、それがグレート・ムタやnWoみたいなことを指しているのは一目瞭然なのだが、百田夏菜子は「なんで仲間同士で揉めなくちゃいけないのかわかんない！」。さすがの武藤も「なんでって言われても、プロレスの場合、仲がいいもん同士が戦ったって、お客さんもつまらないだろ〜」とその剣幕に戸惑っていたが、百田夏菜子は「そんなことになったら、私、もう辞める！」と言い切った。なかなかの名シーンだった。

プロレスを教科書にしてエンターテインメントを紡いできたももクロ。その初期段階で出会った武藤から受けた影響は大きいし、全面的にリスペクトもしているけれど、譲れない部分だけは愛想笑いで誤魔化さずに、まさにリング上でのプロレスラーの如く、キリッとした表情で反論する。それがわかっただけでも、このマッチメイクにこだわった意味があった。

エレベーターに乗って去っていく武藤を、百田夏菜子だけでなく、その場に居合わせたスタッフ全員が「やっぱりカッコいいかぁ〜」と惚れ惚れしながら見送ったのだが、その頃エレベーターの中では武藤が「あっ、記念写真を撮るの忘れた！」。あわててマネージャー氏がエレベーターのボタンを押してスタジオに戻ろうとすると、それを制した武藤が「カッコよくリングを降りたプロレスラーがノコノコ戻ってきたら、みっともねぇだろ！」。

武藤敬司が引退しても、その美学はステージ上でもももクロが継承していく。ジャンルを超えたところでも、武藤敬司のＤＮＡは令和の時代にしっかりと生き続けていくのである。

武藤敬司 1962−2023 完全年表

●日付は現地時間 ◇試合会場 ◆団体

1962年

12月23日 山梨県富士市に生まれる。出生時の体重は4000グラムと大型だった。

1968年

4月 富士吉田市立下吉田第一小学校入学。

1974年

4月 富士吉田市立下吉田中学校に入学。柔道部に所属し、3年時には初段で黒帯に。

1977年

4月 山梨県立富士河口湖高等学校入学。柔道部に所属し、国体に出場。

1980年

4月 東北柔道専門学校(現・学校法人東北柔専 仙台接骨医療専門学校)に進学。全日本ジュニア柔道体重別選手権大会95キロ以下級3位に。卒業後、地元の「佐野整骨院」でインターンを務める。

1984年

2月 佐野整骨院の関係者から新日本プロレスを紹介してもらい、入門テストを受け、合格。

4月21日 新日本入門(入寮)。前日、橋本真也、同日、蝶野正洋が入寮。

10月5日 デビュー。同じくこの日デビューの蝶野を8分27秒、逆エビ固めで破る。◇越谷市体育館◆新日本プロレス

1985年

3月1日 留学していた韓国人レスラーの金秀洪を相手にムーンサルトプレスを初公開。○後藤達俊、武藤(逆羽根折り固め)ブラック・キャット、金秀洪●◇後楽園ホール◆新日本プロレス

4月18日 「第1回ヤングライオン杯」が閉幕。武藤は、小杉俊二、山田恵一、後藤に次ぐ9人中4位の成績(同4位は佐野直喜。以下、畑正和、橋本、蝶野、船木優治)◇両国国技館◆新日本プロレス

9月6日 生中継で『ワールドプロレスリング』初登場。ドン荒川、○武藤(反則勝ち)上田馬之助、トニー・セントクレアー●◇碧南市臨海体育館◆新日本プロレス

10月31日 海外壮行試合として、カール・フォン・スタイガーにムーンサルトで勝利。◇東京体育館◆新日本プロレス

11月4日 フロリダでの武者修行のため渡米。現地ではホワイト・ニンジャを名乗った。

1986年

5月14日 ケンドール・ウィンダムからフロリダ・ヘビー級王座を奪取。

レスラー人生初タイトル。◇タンパ・スポータトリアム

10月9日　両国国技館のリング上から凱旋帰国挨拶。「610」(武藤)の数字の入ったヘルメット姿で選手たちに胴上げで歓待された。◇両国国技館◆新日本プロレス

10月13日　帰国第一戦で藤波辰爾と対戦。逆さ押え込みに敗れる。◇後楽園ホール◆新日本プロレス

10月20日　藤波と再戦。首固めに敗れる。藤波戦は2試合ともテレビ生中継。◇大和車体工業体育館◆新日本プロレス

11月3日　猪木とタッグ対決も、鉄拳で大流血。逆に猪木からの期待値の高さも示された。木村健悟、○武藤(首固め 13分25秒)猪木、ケビン・フォン・エリック●◇後楽園ホール◆新日本プロレス

12月10日　藤波とのコンビで参戦した「'86ジャパンカップ争奪タッグリーグ戦」が閉幕。8チーム中、5位(※優勝はアントニオ猪木&藤原喜明、2位は前田日明&木戸修、3位はディック・マードック&マスクド・スーパースター、4位は越中詩郎&高田延彦)◇両国国技館◆新日本プロレス

1987年

1月4日　東京スポーツ制定「'86年度プロレス大賞」授賞式。新人賞を受賞。◇銀座キャピタルホテル

3月18日　相米慎二監督の映画『光る女』で主演が決定。3月23日にクランク・インし、6月25日にクランク・アップ。◇帝国ホテル

3月20日　越中とのコンビで「IWGPタッグ争奪リーグ戦」を制し、第4代王者となる。日本での初タイトル。なお決勝の相手は前田&高田だったが、6日後の初防衛戦で再戦。王座陥落している。◇後楽園ホール◆新日本プロレス

6月29日　3月26日を最後に映画撮影のため欠場していたが、この日復帰。ジョニー・スミスをシングルで下した。◇後楽園ホール◆新日本プロレス

8月19日　パスポート・トラブルのため帰国できなかったマサ斎藤の代わりに、旧世代軍vs新世代軍のイリミネーションマッチに出場(猪木、坂口征二、藤原、星野勘太郎、武藤vs藤波、長州力、前田、木村、スーパー・ストロング・マシン)。最後まで残る健闘を見せた。◇両国国技館◆新日本プロレス

8月20日　マサ斎藤の代打で、猪木とタッグを結成し、藤波&長州と激突。試合では世代闘争を楽しみにしていたファンから「帰れ」コールも。藤波、○長州(体固め 15分41秒)猪木、武藤●◇両国国技館◆新日本プロレス

10月24日　映画『光る女』公開。

12月6日　「'87ジャパン・カップ争奪タッグリーグ戦」が閉幕。武藤は高田延彦とのコンビで出場し、藤波辰爾&木村健悟、アントニオ猪木&ディック・マードック、マサ斎藤&藤原喜明、坂口征二&スコット・ホールに次ぐ8チーム中5位に。◇大阪府立体育会館◆新日本プロレス

1988年

1月2日　プエルトリコ遠征に出発。現地ではスーパー・ブラック・ニンジャを名乗った。

7月2日　プエルトリコのサンファンで、蝶野、橋本と合流し、「闘魂三銃士」結成。

7月29日　2日前、橋本、蝶野と帰国し、この日、闘魂三銃士としてトリオで初陣。武藤は髭面に黒トランクスで雄叫びを上げる野生児スタイル。ワンマッチのみの凱旋だったが、旋風を巻き起こした。○武藤、蝶野、橋本(反則 8分23秒)藤波●、木村、越中◇有明コロシアム◆新日本プロレス

10月15日　8月下旬より入っていたダラスのWCWAのビッグイベン

トでこの日、4人がけマッチを敢行。4分59秒の短時間で完勝。この時期の武藤のフィニッシュはWCWA主宰のフリッツ・フォン・エリックにちなんだブレーン・クローだった。◇テキサス州コットン・ボウル◆WCWA

1989年

3月12日 WCW入りし、"ザ・グレート・カブキの息子"ザ・グレート・ムタとしてスタジオ・マッチでデビュー。○ムタ（体固め 1分23秒）クーガー・ジェイ●◇ジョージア州WTBSスタジオ◆WCW

9月3日 スティングとの決定戦を制し、NWA世界TV王座を奪取。◇ジョージア州オムニ・コロシアム◆WCW

10月14日 リック・フレアーの保持するNWA世界ヘビー級王座に初挑戦。毒霧で反則負け。◇メリーランド州ボルチモア・アリーナ◆WCW

10月28日 WCWの一大イベント「ハロウィン・ヘイボック」にてテリー・ファンクと組み、フレアー&スティングと史上初の電流金網デスマッチ（金網の上部に電流が流れ、脱出不可能にする形）。○フレアー、スティング（TKO 21分55秒）テリー●、ムタ◇ペンシルバニア州フィラデルフィア・シビックセンター◆WCW

12月13日 WCWの一大イベント「スターケード」にて、一夜で勝負を決める4人総当たりリーグ戦「トップ・オブ・ヒル」に出場も、フレアー、スティング、レックス・ルーガーに3連敗。◆WCW◇ジョージア州ジ・オムニ

1990年

2月10日 この日の新日本東京ドーム大会で、リック・フレアーの保持するNWA世界ヘビー級王座に挑戦する予定だったが、フレアーの来日中止により幻に（新日本サイドが、当時のWWFに接近していたことへのWCWの牽制とみられる）。本来ならこれがザ・グレート・ムタの日本初戦になる予定だった。

3月23日 後楽園ホール大会のリング上で、武藤敬司として佐々木健介とともに凱旋帰国挨拶。◇後楽園ホール◆新日本プロレス

4月27日 凱旋帰国第一戦で蝶野と組み、橋本、マサ斎藤の保持するIWGPタッグ王座に挑戦。ムーンサルトで勝利し、第12代王者に。○武藤、蝶野（体固め 16分2秒）橋本、斎藤●◇NKホール◆新日本プロレス

5月5日 左膝の負傷により、この日から欠場。前日の武藤、蝶野vs越中、馳戦には出場したが、帰国第一戦で、橋本に左膝を蹴られ傷めていた。◇後楽園ホール◆新日本プロレス

5月24日 メインで長州と初の一騎討ち。ラリアット3連発でフォール負け。◇NKホール◆新日本プロレス

6月12日 闘魂三銃士に佐々木健介を加えた「バトルライン九州杯争奪トーナメント」が開催。武藤は1回戦で蝶野に勝利も決勝で橋本のニールキックに惜敗。◇福岡国際センター◆新日本プロレス

7月9日 約2年ぶりに闘魂三銃士を結成。武藤、蝶野、○橋本（体固め 11分13秒）スティーブ・ウィリアムス、ブラッド・レイガンズ、オーエン・ハート●◇青森・野辺地町立体育館◆新日本プロレス

7月22日 蝶野と組み、ザ・ロードウォリアーズ（ホーク&アニマル）と対戦。○武藤組（反則勝ち 8分10秒）ウォリアーズ●◇月寒グリーンドーム◆新日本プロレス

8月1日～6日 後楽園ホール7連戦で、6戦目まで蝶野とのタッグで出陣し全勝。相手チームは順に木村健悟&木戸修、長州&越中、マサ斎藤&小林邦昭、飯塚孝之&松田納、マシン&ヒロ斎藤、

剛竜馬&高杉政彦（パイオニア戦志）。◇後楽園ホール◆新日本プロレス

8月7日　後楽園ホール7連戦の最終日で闘魂三銃士を結成も、橋本が惜敗。長州、マサ斎藤、○木村健悟（片エビ固め 14分51秒）武藤、蝶野、橋本●◇後楽園ホール◆新日本プロレス

8月16日　闘魂三銃士結成も外国人組に惜敗。ビッグバン・ベイダー、○クラッシャー・バンバン・ビガロ、ザ・ソウルテイカー（片エビ固め 12分49秒）武藤、蝶野●、橋本◇千葉公園体育館◆新日本プロレス

9月7日　ザ・グレート・ムタとして日本初見参。サムライ・シロー（越中詩郎）と対戦し、ムーンサルトで勝利。内容は消化不良に。◇大阪府立体育会館◆新日本プロレス

9月14日　馳浩と国内ムタ2戦目。大流血させた末、馳を担架に乗せてからムーンサルトの大暴れ。反則負けだったが、強いインパクトを残した。◇広島県立体育館◆新日本プロレス

9月23日　ムタとして横浜アリーナの天井から入場し、観客の度肝を抜くが、試合はリッキー・スティムボートに勝利するも噛み合わず。◆新日本プロレス

11月1日　馳&佐々木健介を相手にIWGPタッグ王座4度目の防衛に失敗（それまで防衛相手は、越中&馳、グレート・コキーナ&ワイルド・サモアン、マイク・イーノス&ウェイン・ブルーム）。○馳、健介（北斗原爆固め 16分56秒）武藤●、蝶野◇日本武道館◆新日本プロレス

1991年

3月21日　WCWとの対抗戦を軸とした東京ドーム大会「スターケードin闘強導夢」でムタとしてスティングを下した。◇東京ドーム◆新日本プロレス

6月19日　WCWにゲスト参戦していたスタン・ハンセンとムタが夢のタッグ結成。○ムタ、ハンセン（反則 11分15秒）スティング●、P.N.ニュース◇ミズーリ州ザ・セントルイス・アリーナ◆WCW

7月19日　ムタとしてTNTとタッグ結成。馳&健介に惜敗はしたがリング下をくぐって移動するなど縦横無尽に活躍。伝説の名タッグとなった。馳、○健介（片エビ固め 10分55秒）ムタ、TNT●◇札幌中島体育センター◆新日本プロレス

8月11日　第1回「G1 CLIMAX」で準優勝。藤波、ベイダー、スコット・ノートンが参戦するAブロックを首位で通過も、Bブロック代表の蝶野に決勝で敗れた。◇両国国技館◆新日本プロレス

9月23日　ムタとして引田天功のマジックで入場し、藤波と一騎打ち。ビール瓶攻撃からフォール勝ちも、内容は不完全燃焼。◇横浜アリーナ◆新日本プロレス

10月17日　第1回「SGタッグリーグ戦」が閉幕。武藤は馳とのコンビで参戦。結果は7チーム中4位。◇福岡国際センター◆新日本プロレス

11月5日　IWGPタッグ王座決定戦を制し、第17代王者となる（パートナーは馳）。武藤、○馳（北斗原爆固め 17分53秒）スコット・ノートン、リック・スタイナー●◇日本武道館◆新日本プロレス

1992年

3月1日　ベイダー&ビガロに敗れ、3度目の防衛に失敗し、IWGPタッグ王座から陥落（それまで防衛相手は、橋本&ノートン、ノートン&ブラッド・アームストロング）。◇横浜アリーナ◆新日本プロレス

5月7日　この日よりムタとしてWCWを短期サーキット（全5試合）。◆WCW

5月17日 初のIWGPヘビー級王座挑戦も、王者・長州に惜敗。○長州(片エビ固め 16分55秒)武藤●◇大阪城ホール◆新日本プロレス

6月7日 この日よりムタとして2回目のWCW・短期サーキット(全4試合)。◆WCW

8月3日 選手会主催興行で闘魂三銃士結成。健介、飯塚、エル・サムライに勝利。○武藤、蝶野、橋本(体固め 19分17秒)健介、飯塚、サムライ●◇後楽園ホール◆新日本プロレス

8月11日 16名参加のトーナメントとなった第2回「G1 CLIMAX」の準決勝で、蝶野に敗退。◇両国国技館◆新日本プロレス

8月16日 ムタとして2冠王だった長州力をムーンサルトで下し、第13代IWGPヘビー級王者、第2代グレーテスト18クラブ王者となる。◇福岡国際センター◆新日本プロレス

8月19日 遠征先の香港で、蝶野の旧友でタレントの芦田久恵さんとの婚約を発表。◇香港「北京楼」

9月23日 橋本を相手にIWGP、グレーテスト18クラブ王座をムタとして防衛も、後者は試合後に返上。◇横浜アリーナ◆新日本プロレス

10月4日 芦田久恵さんと挙式。◇新宿・京王プラザホテル

10月21日 第2回「SGタッグリーグ戦」が閉幕。武藤はビガロとのコンビで7チーム中3位。◇浜松アリーナ◆新日本プロレス

12月25日 この日よりムタとして本年3回目のWCW・短期サーキット(全7試合)。◆WCW

1993年

1月4日 NWA世界ヘビー級王者の蝶野とIWGP王座のムタのWタイトルマッチ。ムタとして第76代NWA世界ヘビー級王者に。2冠王になる。◇東京ドーム◆新日本プロレス

2月16日 闘魂三銃士結成も反選手会同盟に敗退。試合後、橋本が三銃士の解散を宣言。越中、木村健悟、○ザ・グレート・カブキ(片エビ固め 18分40秒)武藤、蝶野●、橋本◇両国国技館◆新日本プロレス

2月21日 WCWの大イベント「スーパー・ブロウル」にて、ムタとしてバリー・ウィンダムとNWA世界王座の防衛戦。敗退し王座陥落。◇ノースカロライナ州アッシュビル・シビック・センター◆WCW

5月3日 業界初の福岡ドーム大会で、ムタとしてハルク・ホーガンと対戦。縄梯子を利用したアタックなど、変幻自在の試合を見せたが、アックス・ボンバーにフォール負け。◇福岡ドーム◆新日本プロレス

5月24日 "父親"ザ・グレート・カブキとムタの初一騎討ち。カブキの額から噴水のように血が飛び出る凄惨な試合となった(ムタの反則負け)。◇大阪府立体育会館◆WAR

8月6日 16名参加のトーナメントとなった第3回「G1 CLIMAX」の準決勝で、藤波に敗退。◇両国国技館◆新日本プロレス

9月20日 ムタとして橋本に敗れ、IWGPヘビー級王座陥落(それまでの防衛相手は、橋本、ノートン、スティング、蝶野、カブキ)。◇愛知県体育館◆新日本プロレス

9月23日 ムタとしてホーガンとタッグを結成し、ヘルレイザーズを撃破。ムタ、○ホーガン(エビ固め 15分29秒)ホーク・ウォリアー、パワー・ウォリアー●◇横浜アリーナ◆新日本プロレス

9月26日 武藤としてホーガンと一騎打ち。アックスボンバーに敗れる。◇大阪城ホール◆新日本プロレス

11月4日 第3回「SGタッグリーグ戦」に優勝。○武藤、馳(フランケンシュタイナー 13分48秒)ノートン、ヘラクレス・ヘルナン

デス●◇両国国技館◆新日本プロレス

1994年

1月10日　米・ミネソタ州ミネアポリスに渡り、右ヒザを手術。以降、3月21日の愛知県体育館大会まで欠場。

4月4日　武藤、蝶野vs長州、天龍源一郎の試合途中、天龍から「ムタで来い」と挑発を受け、控室に戻りムタとして再登場し大暴れ。翌月の対戦が決まっていた猪木にも、リングサイドで毒霧を噴射。○長州、天龍（片エビ固め　10分12秒）武藤↓ムタ、蝶野●◇広島グリーンアリーナ◆新日本プロレス

4月7日　武藤として試合予定も、突如、ムタとして登場し、挙句、パートナーの馳をも血祭りに。長州、○藤原（反則　6分19秒）ムタ●、馳◇熊本市体育館◆新日本プロレス

5月1日　猪木の引退カウントダウンマッチの初戦として、ムタで一騎討ち。20分12秒、スリーパーから体固めに仕留められたが、不規則な動きで猪木を翻弄した。◇福岡ドーム◆新日本プロレス

8月7日　第4回「G1 CLIMAX」が閉幕。武藤はAブロック2位に終わり、蝶野の決勝戦進出&優勝を許した。◇両国国技館◆新日本プロレス

10月30日　蝶野&マシンを下し、第4回「SGタッグリーグ戦」に優勝。マシンは蝶野と仲間割れし、試合後はマスクを脱ぎ捨て「しょっぱい試合ですいません」の迷言。○武藤、馳（体固め　26分1秒）蝶野、マシン●◇両国国技館◆新日本プロレス

11月25日　馳とのタッグでヘルレイザーズを下し、第24代IWGPタッグ王者に。○武藤、馳（フランケンシュタイナー　25分37秒）ホーク・ウォリアー●、パワー・ウォリアー◇岩手県営体育館◆新日本プロレス

1995年

2月8日　ムタとしてエル・ヒガンテにフォール勝ちも、試合後、翌日からの無期限欠場を発表。ノートン（2月3日）、マイク・イーノス（2月7日）と、シングルで負けが込んでおり、ムタに比べ素顔の武藤で結果を残せないジレンマがあったとされる。◇仙台市体育館◆新日本プロレス

3月18日　この日より6日間、禅寺修業を敢行。写経なども行った。◇新潟県三島郡越路町・満光寺

3月27日　欠場中にたまたま会場に出向いたところを、長州から「せっかくだから挨拶して行け」と言われリングへ。ファンの温かい声援が武藤を出迎え、復帰を決意する。◇東京体育館◆新日本プロレス

4月16日　約2カ月半ぶりの復帰戦を行うが一騎討ちした天山広吉のムーンサルトにピンフォール負け。◇広島サンプラザ◆新日本プロレス

5月3日　橋本をムーンサルトで下し、第17代のIWGPヘビー級王者に。素顔では初戴冠だった。◇福岡ドーム◆新日本プロレス

5月25日　IWGPヘビー級王座に専念するため、同タッグ王座を返上。パートナーの馳が政界進出を見据えていたことも背景にあった。◆新日本プロレス

6月12日　復帰戦で敗れた天山とIWGP王座とムーンサルト封印をかけて激突し、ムーンサルトで勝利。◇日本武道館◆新日本プロレス

8月15日　第5回「G1 CLIMAX」で、橋本真也を破り優勝。史上初のIWGP現役王者によるG1制覇となり、「武藤敬司は、ますます爆進します！」と名言を残した。◇両国国技館◆新日本プロレス

9月23日 この日、入場テーマを、長く親しんだ「HOLD OUT」から「TRIUMPH」に変更。試合はスティングにシングルで勝利。◇横浜アリーナ◆新日本プロレス

10月9日 UWFインターナショナルとの全面対抗戦が実現。メインで髙田延彦を撃破。○武藤（4の字固め 16分16秒）髙田●◇東京ドーム◆新日本プロレス

10月30日 第5回「SGタッグリーグ戦」が閉幕。武藤は、凱旋帰国した西村修とのコンビで7チーム中4位。◇広島グリーンアリーナ◆新日本プロレス

1996年

1月4日 東京スポーツ制定「'95年度プロレス大賞」授賞式。MVPを受賞。◇銀座東急ホテル

1月4日 髙田に敗れ、IWGPヘビー級王座から転落（それまでの防衛相手は天山、ホーク・ウォリアー、平田淳嗣、髙田、越中）。◇東京ドーム◆新日本プロレス

3月30日 主演映画『ドラゴン・ブルー』公開。◇新宿ジョイシネマ他

4月29日 新崎"白使"人生と一騎打ちし、ムーンサルトからフォール勝ち。竜を模したオーバーマスクでの入場や、卒塔婆に血で「死」と書きつけるなど、語りぐさとなるインパクトを残した。◇東京ドーム◆新日本プロレス

8月6日 第6回「G1 CLIMAX」が閉幕。Bブロック2位に終わり、連覇はならず。◇両国国技館◆新日本プロレス

9月23日 初の異種格闘技戦に挑戦。柔術家、ペドロ・オタービオにパンチ連打で6分6秒、ギブアップ勝ち。◇横浜アリーナ◆新日本プロレス

10月11日 ムタとして天龍と初の一騎討ち。パワーボムに敗れる。◇大阪府立体育会館◆WAR

10月18日 久恵夫人との間に長男が誕生。

10月20日 ムタとしてライガーと一騎討ちし、ムーンサルトで完勝。コスチュームをはがされたライガーが、上半身ペイント済みの"鬼神ライガー"になるなど、伝説の一戦に。◇神戸ワールド記念ホール◆新日本プロレス

11月1日 リック・スタイナーとのコンビで第6回「SGタッグリーグ戦」に出場。この日の優勝戦で橋本&ノートンに敗れ、準優勝。○橋本、ノートン（片エビ固め 21分54秒）武藤、リック・スタイナー●◇広島グリーンアリーナ◆新日本プロレス

1997年

1月4日 ムタとしてパワー・ウォリアーと一騎討ち。リングに持ち込んだ机上へのノーザンライトボムでフォール負け。◇東京ドーム◆新日本プロレス

5月26日 ムタとしてのWCWでの蝶野戦（1分40秒 無効試合）後、Tシャツを着用してnWo入りをアピール。◇テネシー州UTCアリーナ◆WCW

6月5日 素顔の武藤として橋本の持つIWGPヘビー級王座に挑戦も敗退。この時期は、武藤=正規軍、ムタ=nWoだった。◇日本武道館◆新日本プロレス

7月6日 ムタとして蝶野と組み、長州&橋本と対戦も惜敗。○長州、橋本（体固め 12分38秒）ムタ、蝶野●◇札幌・真駒内アイスアリーナ◆新日本プロレス

8月2日 14名参加トーナメントの第7回「G1 CLIMAX」に、ムタとして初参加。2回戦のノートン戦で敗退。◇両国国技館◆新日本プロレス

8月10日 ムタとして、この年4月にプロデビューの小川直也と初の異種格闘技戦。腕ひしぎ逆十字でTKO勝ち。◇ナゴヤドーム◆新日本プロレス

9月23日 ムタ、蝶野vs健介、山崎一夫の試合中、控室に戻り、武藤敬

司として再登場。これにより素顔である武藤もｎＷｏ入りとなった。○武藤、蝶野（体固め 24分23秒）健介●、山崎◇日本武道館◆新日本プロレス

10月19日 蝶野と組んで健介、山崎を下し第33代ＩＷＧＰタッグ王者に。○武藤、蝶野（ＴＫＯ 17分58秒）健介●、山崎◇神戸ワールド記念ホール◆新日本プロレス

12月8日 蝶野とのコンビで出場した第7回「ＳＧタッグリーグ戦」で優勝。決勝では橋本&中西学を下した。○武藤、蝶野（足4の字固め 23分24秒）橋本●、中西◇大阪府立体育会館◆新日本プロレス

1998年

4月20日 負傷欠場でＩＷＧＰタッグ王座を返上。それまで小島聡&中西、橋本&西村を相手に防衛していた。

7月31日 16名参加トーナメントの第8回「Ｇ1 ＣＬＩＭＸ」の一回戦で、素顔の武藤として天龍と初の一騎討ちも、惜敗した。◇両国国技館◆新日本プロレス

8月8日 ムタとしてカブキと最初で最後の〝親子タッグ〟結成。○カブキ、ムタ（片エビ固め 10分33秒）後藤達俊●、小原道由◇大阪ドーム◆新日本プロレス

12月6日 小島とのコンビで出場した第8回「ＳＧタッグリーグ戦」に優勝。武藤、○小島（体固め 18分51秒）藤波●、橋本◇愛知県体育館◆新日本プロレス

1999年

1月4日 東京スポーツ制定「'98年度プロレス大賞」授賞式。殊勲賞を受賞。◇銀座東急ホテル

1月4日 スコット・ノートンを下し、第24代ＩＷＧＰヘビー級王者に。当日は大仁田厚の参戦や、橋本vs小川の〝1・4事変〟もあったが好勝負でメインを締めた。◇東京ドーム◆新日本プロレス

4月10日 ドン・フライを相手にＩＷＧＰ王座を防衛。第0試合で大仁田と蝶野がノーロープ有刺鉄線電流爆破デスマッチ。武藤はメインでガッチリ噛み合った純プロレスを見せた。◇東京ドーム◆新日本プロレス

5月3日 天龍を相手にＩＷＧＰ王座を防衛。この年の「プロレス大賞」年間最高試合賞に選出される名勝負に。◇福岡国際センター◆新日本プロレス

8月15日 第9回「Ｇ1 ＣＬＩＭＡＸ」の決勝戦に進出も、中西学に敗れ準優勝。◇両国国技館◆新日本プロレス

8月28日 ムタとして大仁田厚の化身、ザ・グレート・ニタとノーロープ有刺鉄線電流地雷爆破ダブルヘルデスマッチで激突。13分21秒、鎌攻撃からフォール勝ち。爆破効果も考慮し、新日本初の神宮球場大会となったが迫力不足の内容に。◇神宮球場◆新日本プロレス

9月23日 第1回「Ｇ1クライマックス・タッグリーグ戦」で、ノートンとのコンビで中西&永田裕志を破り優勝。○武藤、ノートン（腕ひしぎ逆十字固め 21分32秒）永田、中西●◇日本武道館◆新日本プロレス

12月10日 天龍に敗れ、ＩＷＧＰヘビー級王座から陥落（それまでの防衛相手は、健介、フライ、天龍、小島、中西）。◇大阪府立体育会館◆新日本プロレス

2000年

1月4日 東京スポーツ制定「'99年度プロレス大賞」授賞式、ＭＶＰと年間最高試合賞（vs天龍。5月3日）を受賞。◇銀座東急ホテル

1月4日 この日の東京ドーム大会で蝶野に敗れ、その後、欠場。◇東

京ドーム◆新日本プロレス

3月5日 前日より緊急渡米し、この日、WCWと電撃契約。以降、本年はムタとしてWCWを主戦場に。◇WCW本社ビル（ジョージア州アトランタ）

4月7日 WCW所属として新日本の東京ドーム大会に登場。ムタとして蝶野と一騎打ちも反則負け。◇東京ドーム◆新日本プロレス

5月5日 佐々木健介の保持するIWGPヘビー級王座にムタとして挑戦。健介もパワー・ウォリアーとして登場し、ムタが惜敗。◇福岡ドーム◆新日本プロレス

8月13日 バンピーロ・カリノバとのコンビで、ブライアン・アダムス&ブライアン・クラークを破り、WCW世界タッグ王座を奪取。◇カナダ、パシフィック・コロシアム◆WCW

8月14日 レイ・ミステリオJr.&フーベントゥ・ゲレーラに敗れ、WCW世界タッグ王座から陥落。◇カナダ、スカイリーチ・パレス◆WCW

12月31日 毎日放送、大阪ドーム、ステージア主催の「INOKI BOM-BA-YE」で髙田延彦とタッグを結成。ドン・フライ&ケン・シャムロックに勝利。また、この日よりスキンヘッド姿に。武藤、○髙田（体固め 24分13秒）フライ●、シャムロック◇大阪ドーム◆ステージア

2001年

1月28日 全日本プロレスに初参戦。太陽ケアに足4の字固めで完勝。のちの「シャイニング・ウィザード」の原型となる膝蹴りも、この時見せている。◇東京ドーム◆全日本プロレス

2月4日 飯塚高史とのシングルで、のちのシャイニング・ウィザードが初フィニッシュに。◇北海道立総合体育センター

2月18日 村上一成とシングルマッチ。入場時に、太陽ケア、7日前の舞洲アリーナ大会で握手したドン・フライを帯同。膝蹴り（シャイニング・ウィザード）で村上にフォール勝ちすると、リングサイドにいた白覆面を呼び込み、正体を新崎人生と明かさせ、新軍団の結成を予感させた。◇両国国技館◆新日本プロレス

3月6日 フィニッシュ・ムーブとなっていた膝蹴りの名が、1115通の公募のうちから「シャイニング・ウィザード」に決定。◇大田区体育館◆新日本プロレス

3月17日 ユニット名を「BATT」と発表。「Bad Ass Translate Trading」（垣根を越えた悪ガキども）の略で、「プロレスLOVE」を旗印にメンバーを拡充していくことに。この日は馳浩がBATTに賛同。◇愛知県体育館◆新日本プロレス

4月9日 BATTとして初陣。蝶野率いる「T2000」に惜敗も、テレビの生中継中、格闘テイストに寄った猪木軍の試合を超える視聴率を叩き出し、プロレスLOVEへ傾注していく。○蝶野、天山、小島（片エビ固め 14分57秒）武藤、ケア、人生●◇大阪ドーム◆新日本プロレス

4月14日 全日本・日本武道館大会のメインで川田利明と一騎討ち。シャイニング・ウィザードで勝利。◇日本武道館◆全日本プロレス

6月8日 天龍を破り、第27代の三冠統一ヘビー級王者に。◇日本武道館◆全日本プロレス

8月12日 第11回「G1 CLIMAX」の決勝戦に進出も、永田裕志に敗れ準優勝。◇両国国技館◆新日本プロレス

8月19日 初参戦の「みちのくプロレス」で、黒使無双に変身。以降、ムタに次ぐ第3の顔として定着。○黒使、白使（新崎人生）（体固め 14分1秒）後藤達俊、ヒロ斎藤●◇宮城・ニューワールド屋外駐車場◆みちのくプロレス

10月8日 「プロレス50周年ドリームマッチ」として、馳と組み、永田

&秋山準（ノア）と対戦も惜敗。○永田、秋山（バックドロップ・ホールド 28分4秒）武藤、馳●◇東京ドーム◆新日本プロレス

10月22日　ケアとのタッグで天龍&安生洋二を破り、第45代世界タッグ王者に。武藤、○ケア（体固め 19分51秒）天龍、安生●◇新潟市体育館◆全日本プロレス

10月28日　IWGPタッグ王者の藤波&西村と、世界タッグ王座をかけてWタイトルマッチ。初防衛に成功とともに、第41代IWGPタッグ王者に。三冠統一ヘビー級王座の3つと、世界タッグ王座の2つ（インターナショナル&PWF）とIWGPタッグのベルトを合わせ、この時点で6冠王となった。○武藤、ケア（体固め 23分47秒）藤波、西村●◇福岡国際センター◆新日本プロレス

12月7日　全日本プロレスの「世界最強タッグリーグ戦」にケアとのコンビで参加し、この日の優勝決定戦を制して、優勝。武藤、○ケア（片エビ固め 16分49秒）川田、長井満也●◇日本武道館◆全日本プロレス

2002年

1月4日　東京スポーツ制定「'01年度プロレス大賞」授賞式。MVPを受賞。◇東京プリンスホテル

1月18日　新日本事務所で、契約を更新せず、辞表を提出。新日本を退団。

2月9日　同じく新日本を退団した小島聡、ケンドー・カシンとともに、全日本の「エキサイト・シリーズ」開幕戦に登場。2月24日の日本武道館大会での川田との三冠戦が決まる。◇後楽園ホール◆全日本プロレス

2月24日　川田に敗れ、三冠王座から陥落（それまでの防衛相手は、スティーブ・ウィリアムス、スコット・ホール、蝶野、藤波）。◇日本武道館◆全日本プロレス

2月26日　小島、カシンとともに、全日本への入団を発表。

4月10日　全日本の春の祭典「チャンピオン・カーニバル」に初参戦。計14選手を2ブロックに分けたリーグ戦を勝ち抜き、決勝トーナメントで小島、マイク・バートンを倒し初優勝。◇月寒グリーンドーム◆全日本プロレス

7月17日　ブライアン・アダムス&ブライアン・クラークに敗れ、世界タッグ王座から陥落。（それまでの防衛相手はマイク・バートン、ジム・スティール）。○クラーク、アダムス（片エビ固め 14分59秒）武藤●、ケア◇大阪府立体育会館◆全日本プロレス

7月30日　全日本の旗揚げ30周年を記念する日本武道館大会の第1弾として、一日に3変化し3試合をこなす。○黒使無双（エビ固め 9分37秒）カズ・ハヤシ●、武藤、ミル・マスカラス、ドス・カラス（片エビ固め 9分44秒）アブドーラ・ザ・ブッチャー、グラン浜田、愚乱浪花●、○ムタ（腕ひしぎ逆十字固め 16分57秒）愚零斗孤士（小島の変身）●◇日本武道館◆全日本プロレス

9月30日　全日本創立30周年記念パーティの席上で、全日本の社長に就任したことが発表される。◇キャピタル東急ホテル

10月27日　ムタとして天龍を破り、第30代の三冠統一ヘビー級王者に。◇日本武道館◆全日本プロレス

11月17日　K-1の協力のもと、ファンタジー・ファイトを骨子としたプロレス興行「WRESTLE-1」が行われ、ムタがメインでボブ・サップと対戦。ダイビング・ヘッドバットに敗れた。◇横浜アリーナ◆ファンタジーファイトWRESTLE-1

12月6日　「世界最強タッグリーグ戦」が閉幕。武藤はアニマル・ウォリアーと組んで参加も、8チーム中、天龍&ビッグ・ジョン・

テンタと並ぶ2位に終わった（優勝は小島&ケア）。◇日本武道館◆全日本プロレス

2003年

1月19日 「WRESTLE-1」の第2回興行が行われ、武藤はビル・ゴールドバーグと組み、ブライアン・アダムス&ブライアン・クラークに勝利。武藤、○ゴールドバーグ（片エビ固め 17分57秒）アダムス、クラーク●◇東京ドーム◆ファンタジーファイトWRESTLE-1

2月2日 ZERO-ONEのディファ有明大会に武藤が現れ、配下の全日本選手たちを呼び込み、両団体の全面戦争が幕開け。◇ディファ有明◆ZERO-ONE

2月23日 ムタが橋本に敗れ、三冠王座陥落（それまでの防衛相手はザ・グラジエーター）。◇日本武道館◆全日本プロレス

3月2日 嵐と組んで橋本&大谷晋二郎と対戦も敗退。○橋本、大谷（三角絞め 23分0秒）武藤、嵐●◇両国国技館◆ZERO-ONE

3月28日 10人によるトーナメントの「チャンピオン・カーニバル」の準決勝で嵐に敗れ、優勝ならず。◇北海道立総合体育センター◆全日本プロレス

4月3日 長女の愛莉が誕生。現在はタレントとして活動している。

5月2日 小島と組み、ZERO-ONEの橋本&小川直也と対戦も、小島が小川にレフェリー・ストップ負け。橋本、○小川（レフェリー・ストップ 18分43秒）武藤、小島●◇後楽園ホール◆ZERO-ONE

6月8日 前年の最強タッグで優勝した小島&ケアが、ケアの負傷で防衛できずに返上した世界タッグ王座の争奪トーナメントが、この日、開催。武藤&嵐が、ザ・グラジエーター&ギガンテス、小島&ジミー・ヤンを連破し、第48代の同王者に。武藤、○嵐（体固め 24分49秒）小島、ヤン●◇横浜文化体育館◆全日本プロレス

7月6日 川田とのコンビで、橋本&小川と激突も敗退。○橋本、小川（TKO 19分45秒）武藤、川田●◇両国国技館◆ZERO-ONE

8月20日 橋本、蝶野と集い「闘魂三銃士トークバトル」を開催。◇新神戸オリエンタルホテル

12月5日 「世界最強タッグリーグ戦」が閉幕。武藤は嵐と組んで参加。7チーム中3位に。◇日本武道館◆全日本プロレス

2004年

1月4日 退団から2年経たずに、早くも新日本からオファーが。"時の人"ボブ・サップと組んで、蝶野&天山を下した。武藤、○サップ（片エビ固め 21分0秒）蝶野、天山●◇東京ドーム◆新日本プロレス

1月18日 小島&カズ・ハヤシに敗れ、世界タッグ王座から陥落（それまでの防衛相手は、TAKAみちのく&ギガンテス、ディーロ・ブラウン&ブキャナン、クリストファー・ダニエルズ、ダン・マフ、ホットスタッフ・ヘルナンデス&ピート・ロザリオ、ジ・イーグル&ショーン・ヘルナンデス）。◇大阪府立体育会館◆全日本プロレス

4月20日 「チャンピオン・カーニバル」優勝決定戦で佐々木健介を下し、2年ぶり2度目の優勝。◇代々木第二体育館◆全日本プロレス

4月25日 橋本と組み、越中&大森隆男に勝利。武藤、○橋本（片エビ固め 21分11秒）越中●、大森◇博多スターレーン◆ZERO-ONE

5月8日 橋本、蝶野とともにデビュー20周年を記念したトークショー「三銃士サミット」を開催。◇TOKYO FMホール

7月10日　ノアに初参戦。ケアと組んで、三沢光晴&小川良成の保持するGHCタッグ王座に挑戦も敗退。三沢とはこれが唯一の対戦となった。○三沢、小川(体固め 21分46秒)武藤、ケア●◇東京ドーム◆ノア

8月30日　ムタとして西村と組み、小島&本間朋晃に勝利。試合後、4トントラックで本間を轢き逃げ。ムタ、○西村(グラウンドコブラ 19分46秒)小島、本間●◇北海道・釧路鳥取ドーム◆全日本プロレス

10月9日　新日本のリングで、中邑真輔&棚橋弘至と対戦(パートナーは西村)。中邑、○棚橋(首固め 21分25秒)武藤、西村●◇両国国技館◆新日本プロレス

10月31日　「デビュー20周年記念スペシャルマッチ」として、三沢とタッグ結成。馳&健介に勝利。○武藤、三沢(体固め 23分50秒)馳●、健介◇両国国技館◆全日本プロレス

12月1日　計10チームを2ブロックに分けて争った「世界最強タッグリーグ戦」が閉幕。武藤は西村と組んで出場。Aブロック2位に終わり優勝に絡めず。◇青森県八戸市体育館◆全日本プロレス

2005年

2月16日　新日本から参加の棚橋と初の一騎討ち。ムーンサルトで完勝。◇代々木第二体育館◆全日本プロレス

4月20日　計12名を2ブロックに分けて争った「チャンピオン・カーニバル」が閉幕。武藤はBブロック3位に終わり優勝に絡めず。◇代々木第二体育館◆全日本プロレス

5月14日　新日本の東京ドーム大会で、総合格闘家でもあるロン・ウォーターマンを一蹴。ウォーターマンは、1月4日の新日本・東京ドーム大会の総合格闘技のバトルロイヤル「アルティメット・ロワイヤル」に優勝しており、褒章としてIWGPヘビー級王座への挑戦権を有していたが、そのIWGPヘビー級王座が一時、全日本へ流出。その代案的な意味合いのカードであった。○武藤(体固め 11分16秒)ウォーターマン●◇東京ドーム◆新日本プロレス

7月11日　この日の午前、急逝した橋本真也についてコメント。『馬鹿野郎』としか、出てこねえよ……」とショックを隠せなかった。◇全日本プロレス事務所

7月15日　全試合終了後、橋本真也の追悼として、武藤&嵐vs小島&健介が行われ、10分時間切れ引き分け。◇後楽園ホール◆全日本プロレス

7月16日　橋本の告別式に参列。◇横浜市・一休庵久保山式場

8月4日　個人事務所「ビッグマウス」を立ち上げた上井文彦の肝煎りで、団体枠を超えたトーナメント「WRESTLE-1 GRAND PRIX 2005」の1回戦が開幕。武藤はムタとして曙と対戦。WWEでのプロレス披露を経て、日本のプロレス大会においては初戦となる曙を、ムーンサルトで沈めた。◇両国国技館◆ビッグマウス

10月2日　「WRESTLE-1 GRAND PRIX 2005」の2回戦で、ムタとして健介に勝利も、次大会は行われず。優勝者未定のトーナメントとなった。◇代々木第一体育館◆ビッグマウス

12月5日　曙と組んで出場した「世界最強タッグリーグ戦」で、最後はババ・レイ&ディーボンに敗れるも、準優勝。ババ・レイ、○ディーボン(体固め 20分23秒)武藤●、曙◇大田区体育館◆全日本プロレス

12月20日　東京スポーツ制定「'05年度プロレス大賞」授賞式。年間最優秀タッグを受賞(パートナーは曙)。◇赤坂プリンスホテル

2006年

3月21日 全日本のファン感謝デーで、モノマネ芸人の神奈月と組み、小島聡&イジリー岡田と激突。大ウケとなり、プロレスラーとタレントがタッグを組んで試合を行う「F-1選手権」の雛形となった。武藤、○神奈月(片エビ固め 12分26秒)小島、イジリー岡田●◇後楽園ホール◆全日本プロレス

4月20日 計12名を2ブロックに分けて争った「チャンピオン・カーニバル」が閉幕。武藤はAブロック3位に終わり優勝に絡めず。◇代々木第二体育館◆全日本プロレス

6月10日 日付にちなみ、「武藤祭」を開催。以降、6月10日が「武藤の日」として定着。○武藤、カズ、AKIRA(体固め 15分17秒)TARU、近藤修司、YASSHI●◇熊本・三井グリーンランド遊園地内レインボーホール◆全日本プロレス

12月2日 「世界最強タッグリーグ戦」が閉幕、武藤は川田と組んで出場も優勝戦進出決定戦で天山&小島に敗退。優勝は諏訪魔&RO'Zを下した天山&小島。○天山、小島(体固め 23分28秒)武藤●、川田◇浜松市体育館◆全日本プロレス

12月15日 全日本のファン感謝デーで「F-1タッグ選手権」王座決定戦が行われ、武藤&神奈月が天山広吉&原口あきまさを下して初代王者に。◇後楽園ホール◆全日本プロレス

2007年

1月4日 新日本と全日本の創立35周年を記念し、新日本の1・4ドームに全日本として全面協力。メインで蝶野と組み天山&小島を下すと、最後は橋本のトレードマークだった白い鉢巻きを着用し、その死を悼んだ。武藤、○蝶野(クロス式STF 18分43秒)天山●、小島◇東京ドーム◆新日本プロレス

3月30日 10選手を2ブロックに分けた「チャンピオン・カーニバル」で、Aブロックを勝ち抜き、Bブロック代表の川田に勝利。3年ぶり3度目の優勝を果たした。◇後楽園ホール◆全日本プロレス

6月17日 「ハッスル」のリングにムタとして初登場。RGがランプの中から呼び出す形で、インリン様&TAJIRIと対戦し、TAJIRIをシャイニング・ウィザードでフォール。インリン様の股間に毒霧を噴射。のちに2人の子供としてモンスター・ボノ(曙)が産まれた。○ムタ、RG(シャイニング・ウィザード 8分56秒)インリン様、TAJIRI●◇さいたまスーパーアリーナ◆ハッスル

12月9日 ジョー・ドーリングと組み「世界最強タッグ決定リーグ戦」に優勝。○武藤、ドーリング(片エビ固め 26分05秒)小島、諏訪魔●◇大阪府立体育会館◆全日本プロレス

12月31日 ハッスルにムタとして2度目の登場。インリン様&モンスター・ボノ母娘の願いが通じる形でムタとして登場し、天龍、TAJIRI、RGを下した。ムタ、○インリン様、ボノ(M字親子固め 10分45秒)天龍、TAJIRI●、RG◇さいたまスーパーアリーナ◆ハッスル

2008年

1月3日 ジョー・ドーリングと組んで小島&TARUの持つ世界タッグ王座に挑戦し勝利。第54代の同王座に。武藤、○ドーリング(エビ固め 27分50秒)小島、TARU●◇後楽園ホール◆全日本プロレス

1月4日 ムタとして1・4ドームに参戦。後藤洋央紀を一蹴。◇東京ドーム◆新日本プロレス

3月1日 棚橋と初タッグを結成。川田&ケアの純生全日本コンビを下した。○武藤、棚橋(体固め 21分6秒)川田、ケア●◇両国国技館◆全日本プロレス

4月9日 計12名を2ブロックに分けて争った「チャンピオン・カーニバル」が閉幕。武藤はAブロック2位に終わり優勝に絡めず。Aブロックの代表は棚橋で、決勝でBブロック代表の諏訪魔に惜敗。◇後楽園ホール◆全日本プロレス

4月27日 中邑を破り、第49代のIWGPヘビー級王者に。8年4カ月ぶり、3度目の戴冠だった。◇大阪府立体育会館◆新日本プロレス

9月28日 ムタが諏訪魔を破り、第38代の三冠統一ヘビー級王者に。◇横浜文化体育館◆全日本プロレス

11月16日 全日本の22年ぶりの台湾大会。好評に終わり、以降、定例化されることに。○武藤、曙、カズ(体固め 15分8秒)TARU、ドーリング、YASSHI●◇台北アリーナ◆全日本プロレス

12月8日 「世界最強タッグリーグ戦」が閉幕、武藤は浜亮太と組んで出場。全8チーム中5位。◇広島サンプラザホール◆全日本プロレス

12月17日 東京スポーツ制定「'08年度プロレス大賞」授賞式。MVPを受賞。7年ぶり4度目。◇赤坂プリンスホテル

12月30日 ムタとしてハッスルに登場。息子のボノちゃんとタッグを結成し、川田利明&川田の父と対戦。川田の父がムタの毒霧で戦闘不能となり、パートナーは途中変更で、エスペランサー・ザ・グレートに。姿形は違えど13年ぶりに武藤と高田の戦いが実現。ムタ、○ボノちゃん(体固め エスペランサー)川田●、エスペランサー◇有明コロシアム◆ハッスル

2009年

1月4日 棚橋に敗れ、IWGPヘビー級王座から転落(それまでの防衛相手は、中西、後藤洋央紀、真壁、中邑)◇東京ドーム◆新日本プロレス

3月14日 ムタとして高山善廣に敗れ、三冠王座から陥落(それまでの防衛相手は鈴木みのる)。◇両国国技館◆全日本プロレス

4月12日 計12名を2ブロックに分けて争った「チャンピオン・カーニバル」が閉幕。武藤はAブロックを1位通過も、この日の決勝トーナメント1回戦でBブロック2位の鈴木みのるに敗退。◇JCBホール◆全日本プロレス

6月10日 「武藤の日」に行われた「武藤祭」で、8月30日、両国国技館の武藤デビュー25周年記念大会のメインカードを発表。約20年ぶりに純プロレスのリングに復帰する船木誠勝と組み、蝶野&鈴木みのると対戦することに。◇後楽園ホール◆全日本プロレス

6月15日 6月13日に試合中の事故で急逝した三沢光晴についてコメント。「夢の戦いどうするんだって。一騎打ちどうするんだって」と悔しさをにじませた。◇全日本プロレス事務所

6月21日 6人タッグの試合中、エメラルド・フロージョンを披露。同技の使い手である三沢への意識を感じさせた。武藤、○諏訪魔、河野真幸(ジャーマン・スープレックス・ホールド 20分58秒)高山●、みのる、太陽ケア◇後楽園ホール◆全日本プロレス

8月30日 デビュー25周年記念大会のメインで船木と組み、蝶野&みのるを撃破。札止め1万2800人の観衆を集めた。○武藤、船木(体固め 21分19秒)蝶野、みのる●◇両国国技館◆全日本プロレス

9月27日 三沢光晴の追悼興行で、ノアの社長の田上明と社長タッグを結成し、小橋建太と初対決。○小橋、高山善廣(体固め 21分53秒)武藤、田上●◇日本武道館◆ノア

10月12日 蝶野のデビュー25周年記念大会で、小橋を含めたトリオを結成。○蝶野、武藤、小橋(体固め 23分59秒)中西●、小島、秋山準◇両国国技館◆新日本プロレス

12月6日 プロレスに本格復帰となった船木とのコンビで、「世界最強タッグ決定リーグ戦」に優勝。優勝決定戦は、○武藤、船木(フランケンシュタイナー 26分13秒)諏訪魔、河野●◇岐阜産業館◆全日本プロレス

2010年

1月3日 船木と組み、鈴木みのる&太陽ケアを下し、世界タッグ王座を奪取。第56代王者に。武藤、○船木(クロス・ヒールホールド 26分50秒)みのる、ケア●◇後楽園ホール◆全日本プロレス

3月9日 右ひざの手術のため、無期限休養を発表。◇全日本プロレス事務所

8月29日 素顔より先に、化身のムタが復帰。日本マット復帰となったKENSO(鈴木健三)に惜敗した。◇両国国技館◆全日本プロレス

9月10日 素顔での復帰第1戦を船木と。30分時間切れ引き分け。◇後楽園ホール◆全日本プロレス

10月24日 15キロ減量し、103キロのウェイトでカズ・ハヤシの持つ世界ジュニア王座挑戦も、巻き投げ固めにフォール負け。◇横浜文化体育館◆全日本プロレス

2011年

3月21日 橋本真也の遺児、大地のプロレス・デビュー第2戦の相手を務める。10分18秒、ムーンサルトで完勝。◇両国国技館◆全日本プロレス

6月7日 TARUのスーパー・ヘイトへの暴行事件の責任を取り、全日本の社長を辞任。後任は内田雅之氏。

6月19日 スーパー・ヘイト暴行事件で、KONO(河野真幸)&ジョー・ドーリングから返上された世界タッグ王座への決定戦にムタとして出陣。KENSOと組み、曙&浜亮太を沈め、第59代王者に。○ムタ、KENSO(体固め 8分54秒)曙、浜亮太●◇両国国技館◆全日本プロレス

8月27日 新日本、全日本、ノアの3団体が集結したオールスター戦「ALL TOGETHER」開催。武藤は小橋とタッグを結成し、ムーンサルトの連弾で勝利した。武藤、○小橋(体固め 14分58秒)矢野通、飯塚高史●◇日本武道館◆東京スポーツ

10月23日 ダーク・オズ&ダーク・クエルボに敗れ、世界タッグ王座から陥落(それまでの防衛相手は大森&ケア)。○オズ、クエルボ(エビ固め 14分44秒)ムタ、KENSO●◇両国国技館◆全日本プロレス

2012年

1月4日 新日本の東京ドーム大会のセミファイナルで、自身への憧れからプロレスラーになったという内藤哲也と一騎討ち。ムーンサルトで快勝した。◇東京ドーム◆新日本プロレス

1月7日 東京スポーツ制定「'11年度プロレス大賞」授賞式。年間最高試合賞を受賞(武藤&小橋vs飯塚、矢野。2011年8月27日)◇八重洲富士屋ホテル

2月19日 第2回「ALL TOGETHER」にて、再び小橋とタッグ結成。秋山準、大森隆男をムーンサルトの競演で撃破も、小橋はこの際、骨盤骨折の重傷。○武藤、小橋(体固め 20分20秒)秋山●、大森◇仙台サンプラザホール◆新日本プロレス、全日本プロレス、ノア

3月20日 秋山準の持つ三冠統一ヘビー級王座に挑戦も惜敗。◇両国国技館◆全日本プロレス

7月1日 新日本と全日本が創立40周年を記念し、両国国技館大会を共催(「サマーナイトフィーバー in 両国」)。武藤は天山&小島と組み、最後はムーンサルトでCHAOS勢を沈めた。○

武藤、天山、小島（体固め 12分9秒）飯塚、石井智宏●、矢野◇両国国技館◆新日本プロレス&全日本プロレス

2013年

1月4日　橋本大地とのタッグで新日本に参戦予定も、大地の負傷により代打の大谷晋二郎と出陣。天山&小島に惜敗。天山、○小島（片エビ固め 15分36秒）武藤、大谷●◇東京ドーム◆新日本プロレス

1月26日　リック・フレアーとタッグ結成の予定も、開場後にフレアーの体調不良による欠場が発表。代役として息子のリード・フレアーが出場したが、試合は消化不良に。藤波辰爾、○真田聖也（THIS IS IT 15分31秒）武藤、リード・フレアー●◇大田区総合体育館（旧：大田区体育館）◆全日本プロレス

5月11日　小橋建太の引退試合に8人タッグのパートナーとして出陣。華を添えた。○小橋、秋山準、武藤、健介（片エビ固め 39分59秒）KENTA、潮崎豪、金丸義信●、マイバッハ谷口◇日本武道館◆小橋建太引退記念試合実行委員会

6月29日　新しく全日本の親会社となったスピードパートナーズ社が、武藤との交渉決裂を発表。武藤は全日本を離れ、新団体を設立することに。

7月10日　元全日本の追随選手とともに会見し、新団体「WRESTLE-1」の設立を発表。武藤は運営会社「GENスポーツエンターテインメント」の社長に就任した。◇GENスポーツエンターテインメント事務所

9月8日　WRESTLE-1が旗揚げ。所属選手以外は当日まで「X」とする措置が取られ、武藤はメインでボブ・サップと組み、レネ・デュプリ&ゾディアックと対戦し、ムーンサルトで決めた。○武藤、サップ（体固め 10分20秒）デュプリ、ゾディアック●◇東京ドームシティホール（旧JCBホール）◆WRESTLE-1

2014年

1月4日　ムタとしてはジャスト6年ぶりに新日本に帰還。矢野とコンビを組み、鈴木軍に完勝。ムタ、○矢野（裏霞 12分4秒）みのる●、シェルトン・X・ベンジャミン◇東京ドーム◆新日本プロレス

7月7日　元TNAのXディビジョン王者の真田聖也と、ムタとして一騎討ち。ムーンサルトで辛勝。○ムタ（体固め 9分53秒）真田●◇両国国技館◆WRESTLE-1

7月7日　事務所の4階に開設された道場を報道陣に公開。広さ200坪。プロレス用、ボクシング用の2つのリングが常備された広大な仕様だった。◇GENスポーツエンターテインメント事務所

10月12日　TNAの日本興行にムタとして出撃。TAJIRIと毒霧の競演も見せ、グレート・サナダ（真田）を下した。○ムタ、TAJIRI（体固め 10分51秒）グレート・サナダ●、ジェームス・ストーム◇後楽園ホール◆TNA

11月1日　自身のデビュー30周年記念大会で、新設されたベルト「WRESTLE-1チャンピオンシップ」（以下「W-1王座」）に挑戦。初代王者の河野真幸を足4の字固めで下し、第2代王者に。◇両国国技館◆WRESTLE-1

12月22日　真田聖也を足4の字固めで下し、W-1王座初防衛に成功。◇後楽園ホール◆WRESTLE-1

2015年

1月30日　征矢学を足4の字固めで下し、W-1王座2度目の防衛に成功。◇後楽園ホール◆WRESTLE-1

3月8日 KAIにスプラッシュ・プランチャー3連発で敗れ、W-1王座陥落。◇後楽園ホール◆WRESTLE-1

5月5日 WRESTLE-1のCEOに、DDTの高木三四郎社長が就任したことをリング上で発表。2日後の会見では、DDTとの合併も視野に入れていたことを明かした。◇後楽園ホール◆WRESTLE-1

6月18日 トーナメント「Road to KEIJI MUTO」を勝ち抜いてきた黒潮"イケメン"二郎と一騎討ち。ムーンサルトで返り討ちに。◇後楽園ホール◆WRESTLE-1

9月21日 11月に引退を控えた天龍がWRESTLE-1に参戦し6人タッグでムタと対戦。毒霧を濃厚キスで吸い出し逆に浴びせるなどの離れ業も見せ、勝利。ムタは試合後、「グッバイ、テンリュー。シーユー、マカイ」とコメントを残した。なお、天龍にとって最後の後楽園ホール大会でもあった。天龍、○越中、河野(エビ固め 16分17秒)ムタ、KAZMA SAKAMOTO、NOSAWA論外●◇後楽園ホール◆WRESTLE-1

10月1日 WRESTLE-1が設立したプロレス専門学校「プロレス総合学院」の入学式が行われ、校長として、「吉本のNSC1期生にはダウンタウンがいる。それくらい1期生というのは重要なので、俺も気合が入っている」と期待を込めた。生徒には木村花さんの姿もあった。

2016年

8月11日 約3年ぶりに秋山準と対決。武藤退団後の全日本の社長となっていた秋山とは新旧社長対決となった。○秋山、野村直矢、青柳優馬(片エビ固め 21分51秒)武藤、土肥孝司●、熊ゴロー◇横浜文化体育館◆WRESTLE-1

12月2日 闘病中のマリ斎藤を激励する大会の全試合終了後に、海賊男に扮してマサ斎藤を襲撃。マサもナックルパートで応戦。◇大阪市立城東区民センター ◆上井プロデュース興行

2017年

2月8日 武藤が主宰する"プロレスの達人"たちを集めた興行「プロレスリング・マスターズ」が開催。超満員札止め(1589人)の観客を集め、以降、継続開催することに。○武藤、長州、藤波、ライガー(体固め 15分23秒)越中、カブキ、AKIRA●、斎藤彰俊◇後楽園ホール◆プロレスリング・マスターズ

3月12日 ノアの丸藤正道の呼びかけに応じ、タッグを結成。武藤、○丸藤(片エビ固め 13分50秒)KAZMA SAKAMOTO●、ムース◇横浜文化体育館◆ノア

3月27日 WRESTLE-1の新人事を発表。カズ・ハヤシが新社長、近藤修司が副社長、武藤が会長、CEOだった高木三四郎が相談役に就任。高木は同年9月に「ある程度、役目を終えた」として相談役を辞任。◇GENスポーツエンターテインメント事務所

4月20日 藤波のデビュー45周年ツアーの第1弾に出場。○藤波、長州、越中(ドラゴンスリーパー 13分9秒)ベイダー、武藤、AKIRA●◇後楽園ホール◆ドラディション

7月26日 プロレスリング・マスターズの第2弾興行を開催。ムタとして久々にTNTとタッグを結成。藤波、長州、○馳浩(ノーザンライト・スープレックス・ホールド 16分41秒)ムタ、カブキ、TNT●◇後楽園ホール◆プロレスリング・マスターズ

10月13日 父・武藤明光さんが逝去。享年83。

2018年

2月16日　プロレスリング・マスターズの第3弾興行で、2014年4月以来、リングを離れていた蝶野が、総監督として復帰。往年のT2000勢をリング外からアシストし、武藤と丁々発止の攻防を繰り広げた。○天山、ヒロ斎藤、AKIRA、スーパーJ(アナコンダバイス 15分10秒)藤波、長州、ライガー●、武藤◇後楽園ホール◆プロレスリング・マスターズ

2月19日　3月末に金属製の人工関節を両膝に埋め込む手術を受けるため、本年いっぱいの欠場を発表。手術後はムーンサルトも使えなくなるとした。◇GENスポーツエンターテインメント事務所

3月14日　手術前、最後の試合のフィニッシュでムーンサルトを披露。○武藤、浜、SUSHI、宮本和志(体固め 19分8秒)河野●、大和ヒロシ、中之上靖文、KAI◇後楽園ホール◆WRESTLE-1

3月25日　ムタとして手術前最後の試合。ムーンサルトを披露し、3カウントを奪った。○ムタ、佐々木大輔、遠藤哲哉(体固め 20分9秒)男色ディーノ、石井慧介●、大家健◇両国国技館◆DDT

7月22日　14日に逝去したマサ斎藤の告別式に出席。ザ・グレート・カブキとともに弔辞を読んだ。◇東京都・梅窓院

2019年

4月6日　新日本のマジソン・スクエア・ガーデン(MSG)大会の第0試合の時間差バトルロイヤルにムタとしてサプライズ登場。最初で最後のMSG登場となり、ラスト2名まで残るもライガーに優勝をさらわれた。◇ニューヨーク・マジソンスクエアガーデン◆新日本プロレス

6月26日　長州力の現役ラストマッチで、1年3カ月ぶりにリング復帰。藤波、武藤、○真壁刀義(片エビ固め 17分29秒)長州●、越中、石井◇後楽園ホール◆長州力プロデュース興行

8月30日　プロレスリング・マスターズに1年半ぶりに実戦復帰。翌年1月に引退するライガーとタッグ結成。○武藤、馳、ライガー(体固め 20分55秒)永田、中西、西村●◇後楽園ホール◆プロレスリング・マスターズ

9月16日　ノアの若き王者、清宮海斗と秋山準を含めたトリオを結成。武藤、秋山、○清宮(タイガー・スープレックス・ホールド)丸藤、望月成晃、谷口周平●◇大阪府立体育会館◆ノア

11月15日　本年3月に逝去したザ・デストロイヤーの追悼興行に出撃。メインでライガー、宮原健斗と組み、最後は3人揃って足4の字固めを決めた。○武藤、ライガー、宮原(足4の字固め 18分5秒)SANADA、BUSHI、KAI●◇大田区総合体育館◆株式会社エ.J.T.Production

2020年

2月28日　7回目のプロレスリング・マスターズが、「アントニオ猪木デビュー60周年」記念として行われ、猪木本人が登場。武藤、蝶野、長州、前田らに、闘魂ビンタを注入。○藤波、藤原(ドラゴン・スリーパー 13分8秒)武藤、スーパーJ●◇後楽園ホール◆プロレスリング・マスターズ

2月29日　WRESTLE-1会長の武藤と社長のカズ・ハヤシが会見。4月1日の後楽園ホール大会をもって、WRESTLE-1を活動休止とすることが発表された。◇東京・GSPメディアセンター

3月15日　WRESTLE-1、最後のビッグイベントに武藤が登場。これが同団体でのラストファイトとなる予定だったが、コ

ロナ禍により武藤のアメリカ遠征が中止となり、4月1日の団体最後の興行にも出場することに。4月1日の興行はコロナ禍で無観客試合となり、有観客でのWRESTLE-1出場はこの日が最後となった。○武藤、浜、中之上(体固め 12分3秒)河野●、崔領二、KAZMA SAKAMOTO◇大田区総合体育館◆WRESTLE-1

4月1日 コロナ禍による無観客状態のなか、WRESTLE-1のラスト興行のメインに出撃。「客さえいれば全観客が泣くような試合をやりたかったけど、観客がいないと難しいわな」と、初めての無観客試合に口惜しげだった。稲葉大樹、土肥孝司、芦野祥太郎、○羆嵐(片エビ固め 19分51秒)武藤、カズ●、近藤修司、河野◇大田区総合体育館◆WRESTLE-1

4月19日 abema TVで無料配信のテレビマッチに、急遽出場。本人がブログで前日告知するあわただしさだった。○武藤、清宮、田中稔(体固め 15分46秒)桜庭和志、関根シュレック秀樹●、鈴木秀樹◇ノア特設アリーナ◆ノア

5月24日 前日、22歳の若さで死去した木村花さんについてツイッターで追悼コメント。「プロレス総合学院からデビューして、木村花という名前の如く、華のある女性だった。インターナショナルなプロレスラーになると思っていたのに。心よりご冥福をお祈り申し上げます」

6月14日 ノアのテレビマッチで清宮と初対決。また、この日組んだトリオの頭文字が皆、Mだったことから、試合後、ユニット「M's alliance」の始動も発表された。武藤、○丸藤、望月(パーフェクトキーロック 22分55秒)清宮、谷口●、モハメド・ヨネ◇ノア特設アリーナ◆ノア

7月18日 3月22日以来の有観客興行となったノアの大会にメインで出陣。武藤、○丸藤(片エビ固め 20分48秒)潮崎●、清宮◇後楽園ホール◆ノア

8月10日 清宮と一騎打ち。27分7秒、足4の字固めで勝利。◇横浜文化体育館◆ノア

11月22日 谷口周平にシングルで快勝後、ノアの至宝、GHCヘビー級王座への挑戦をほのめかした。◇横浜武道館◆ノア

12月6日 この日、杉浦貴を下してGHCヘビー級王座6度目の防衛に成功した潮崎に、武藤が挑戦を表明。翌年2月12日、日本武道館大会でのタイトルマッチが決定した。◇代々木第二体育館◆ノア

2021年

2月12日 潮崎から29分32秒、フランケンシュタイナーでGHCヘビー級王座を奪取。第34代王者に。高山善廣、佐々木健介に続く、日本人3人目の3大メジャー王座制覇となった。◇日本武道館◆ノア

2月15日 ノア、DDTなどを運営するサイバーファイトが都内で会見し、武藤がノアに、秋山準がDDTに同日付で入団すると発表。武藤自身もツイッターでノアへの入団を明かした。2年契約。

6月6日 ノアなど4団体の合同興行「サイバーファイトフェスティバル2021」のメインで丸藤を相手にGHCヘビー級選手権。禁じ手だったムーンサルトを炸裂させるも惜敗し、王座から転落(それまでの防衛相手は清宮、マサ北宮)。◇さいたまスーパーアリーナ◆サイバーファイト

11月9日 藤波のデビュー50周年記念大会にムタとして登場。藤波に毒霧を浴びせる手荒い祝福。藤波、天山、○小島(体固め 17分2秒)ムタ、白使、KAZMA SAKAMOTO●◇後楽園ホール◆ドラディション

11月13日 丸藤とのコンビでGHCタッグ王座を奪取。第57代王者に。これで武藤はシングルに続き、タッグでもメジャー3団体

のベルトを制覇。高山善廣に続く、2人目のシングル&タッグのグランドスラム達成者となった。○武藤、丸藤(体固め30分27秒)清宮、北宮●◇横浜武道館◆ノア

12月13日 東京スポーツ制定「21年度プロレス大賞」選考会が行われ、2月の潮崎との一戦が年間最高試合賞に選出された(コロナ禍により授賞式はなく、後日、東京スポーツよりトロフィー等の授与がなされた)。◇オンライン形式での選考会

2022年

1月8日 やや唐突に決定した新日本vsノアの全面対抗戦のメインで清宮と組み、オカダ・カズチカ&棚橋弘至と対戦も惜敗。○オカダ、棚橋(片エビ固め 24分34秒)武藤、清宮●◇横浜アリーナ◆新日本プロレス

2月8日 股関節唇損傷で長期欠場することを発表。丸藤とのコンビで保持していたGHCタッグ王座も返上となった(それまでの防衛相手は田中将斗&望月成晃)。◇東京・ホテルメトロポリタン エドモント

3月1日 新日本の50周年を祝う旗揚げ記念日大会が開かれ、記念セレモニーに出席。◇日本武道館◆新日本プロレス

5月21日 約4カ月ぶりに復帰も、表情は冴えず。「非常に悩んでいる。相手の技を受けるじゃなくて、自分の技を仕掛ける時に、ちょっと痛みが股関節に走ったりする。近々に報告することがあります」とした。○潮崎、清宮、田中将斗(エビ固め23分46秒)武藤、丸藤、小島聡●◇大田区総合体育館◆ノア

5月22日 ノアが、6月12日「サイバーファイトフェスティバル2022」大会への武藤の来場と、その口から、「大切なご報告」があることを告知。

6月12日 「サイバーファイトフェスティバル2022」のセミファイナル前にリングに上がり引退を発表。「かつて、プロレスはゴールのないマラソンと言った自分ですが、来年の春までに引退します。あと数試合はするつもりです。ご声援お願いします」(武藤)。◇さいたまスーパーアリーナ◆サイバーファイト

7月16日 引退ロードの第1弾として清宮と一騎討ち。26分28秒、足4の字固めに敗れた。◇日本武道館◆ノア

9月3日 ムタとして新日本のグレート-O-カーンと同盟を結び出陣するも、試合後に仲間割れ。ムタ、○カーン、NOSAWA論外(片エビ固め 22分13秒)拳王、征矢学、タダスケ●◇大阪府立体育会館◆ノア

9月7日 会見で2023年2月21日の東京ドーム大会で引退試合を行うことを発表。◇東京ドームホテル◆ノア

9月23日 AEWランペイジで、ムタとして登場。スティングの勝利をアシストした。◇ニューヨーク州クイーンズ アーサー アッシュ スタジアム◆AEW

9月25日 引退ロードの第2弾として藤田和之とタッグを結成し、船木&中嶋勝彦に勝利。○武藤、藤田(体固め 20分35秒)船木、中嶋●◇愛知県体育館◆ノア

10月1日 この日のアントニオ猪木の逝去についてツイッターでコメント。「きっと俺の中にも猪木イズムが流れている」「来年の引退まで精一杯頑張っていきます!」とした。

10月16日 急遽、福岡大会に参戦。小島、ニンジャ・マックと組み、勝利を挙げた。武藤、小島、○ニンジャ・マック(片エビ固め14分57秒)丸藤、HAYATA●、ジャック・モリス◇福岡国際センター◆ノア

10月26日 新日本・後楽園ホール大会の矢野通vsグレート-O-カーンに突如ムタが乱入。カーンへ毒霧を放ち、後日、11月20日、有明大会での新日本出撃が決定。◇後楽園ホール◆新日本プロレス

10月30日　引退ロードの第3弾として、棚橋ら新日勢と対戦し勝利。また、この日、2023年1月1日のノアの日本武道館大会で、ムタvs中邑真輔(WWE)が行われることがビジョンにて発表された。武藤、○丸藤、稲村愛輝(エビ固め 20分32秒)棚橋、真壁、本間●◇有明アリーナ◆ノア

11月20日　ムタとして新日本でのラストマッチに挑み、オカダ、矢野とのトリオで勝利した。ムタ、○オカダ、矢野(片エビ固め 9分48秒)カーン、アローン・ヘナーレ●、ジェフ・コブ◇有明アリーナ◆新日本プロレス&スターダム

2023年(予定)

1月1日　ムタとして中邑真輔と一騎討ち。◇日本武道館◆ノア

1月22日　グレート・ムタとしての引退試合を開催。◇横浜アリーナ◆ノア

2月21日　東京ドームで引退試合。◇東京ドーム◆ノア

本文デザイン&DTP ／武中祐紀
編集／金崎将敬

証言 武藤敬司
平成プロレスを支配した「天才レスラー」の光と影

2023年2月1日　第1刷発行

著　者　宝島プロレス取材班
発行人　蓮見清一
発行所　株式会社宝島社
〒102-8388　東京都千代田区一番町25番地
電話（営業）03-3234-4621
（編集）03-3239-0646
https://tkj.jp
印刷・製本　サンケイ総合印刷株式会社

ISBN 978-4-299-03769-5